Sharon D. Williams
Alexander Garcia

Mundos cuánticos: La revolución informática y su influencia en el futuro

bup

Sharon D. Williams
Alexander Garcia

Mundos cuánticos: La revolución informática y su influencia en el futuro

ISBN: 978-3-68904-357-5 (Rústica)
ISBN: 978-3-68904-364-3 (libro electrónico)

Derechos de autor: Bremen University Press, Bremen, 2024.
El manuscrito no puede ser utilizado ni total ni parcialmente sin el consentimiento previo por escrito del editor.

Primera edición
Abril de 2024
Versión 1.0
Impreso en la Unión Europea
bup@bremenuniversitypress.com
www.bremenuniversitypress.com

Sharon D. Williams
Alexander Garcia

Mundos cuánticos: La revolución informática y su influencia en el futuro

Visión general

INTRODUCCIÓN	4
PRINCIPIOS BÁSICOS DE LA INFORMÁTICA CUÁNTICA	15
ORDENADORES CLÁSICOS FRENTE A ORDENADORES CUÁNTICOS	49
EL DESARROLLO DE LOS ORDENADORES CUÁNTICOS	59
DESARROLLO DE LOS PRIMEROS ALGORITMOS CUÁNTICOS	69
DESARROLLO DE HARDWARE CUÁNTICO	72
COMUNICACIÓN Y CRIPTOGRAFÍA CUÁNTICAS	85
ÁMBITOS DE APLICACIÓN DE LOS ORDENADORES CUÁNTICOS	100
EL FUTURO DE LOS ORDENADORES CUÁNTICOS	113

Índice

INTRODUCCIÓN — 4

- Conceptos básicos — 9
- Bits cuánticos (qubits) — 9
- Funcionalidad y retos — 10
- Ámbitos de aplicación y potencial — 11
- Breve historia de los ordenadores cuánticos — 12
- Años 80: Fundamentos teóricos — 12
- Años 90: Gran avance en algoritmos cuánticos — 13
- Década de 2000: primeros ordenadores cuánticos — 13
- 2010s: Acercándonos a la superioridad cuántica — 14
- Perspectivas de futuro — 14

PRINCIPIOS BÁSICOS DE LA INFORMÁTICA CUÁNTICA — 15

- Qubits y sus propiedades — 17
- Superposición — 18
- Enredo — 21
- Coherencia y decoherencia — 31
- Coherencia — 32
- Decoherencia — 33
- Control de la decoherencia — 34
- Aplicaciones de la interferencia cuántica — 44

ORDENADORES CLÁSICOS FRENTE A ORDENADORES CUÁNTICOS — 49

- Principios básicos de funcionamiento — 49
- Capacidad de cálculo y ámbitos de aplicación — 51
- Escalabilidad y estabilidad — 54
- Estado de desarrollo y accesibilidad — 56

EL DESARROLLO DE LOS ORDENADORES CUÁNTICOS — 59

Fase inicial de la investigación y fundamentos teóricos — 59
Richard Feynman (1981) — 59
David Deutsch (1985) — 61
Peter Shor (1994) — 63
Lov Grover (1996) — 65

DESARROLLO DE LOS PRIMEROS ALGORITMOS CUÁNTICOS — 69

Algoritmo de Deutsch (1985) — 69
Algoritmo German-Jozsa (1992) — 70
Algoritmo de Shor (1994) — 70
Algoritmo de Grover (1996) — 70
Importancia de los primeros algoritmos cuánticos — 71
Superioridad cuántica (2016) — 71

DESARROLLO DE HARDWARE CUÁNTICO — 72

Qubits superconductores — 72
Iones atrapados — 73
Puntos cuánticos — 75
Fotones — 77
Centros NV en diamante — 79
Qubits topológicos — 81
Selección de tecnología — 83

COMUNICACIÓN Y CRIPTOGRAFÍA CUÁNTICAS — 85

Cifrado cuántico — 85
Internet cuántico — 87
Sistemas cuánticos escalables — 92
Algoritmos cuánticos para aplicaciones prácticas — 94
Demostración de la superioridad cuántica — 97
Procesador Sycamore de Google — 97

ÁMBITOS DE APLICACIÓN DE LOS ORDENADORES CUÁNTICOS　　100

Ciencia de los materiales　　100
Desarrollo de nuevos medicamentos　　101
Medicina personalizada　　103
Química　　105
Resolución de problemas de optimización　　107
Transporte y logística　　107
Distribución de energía　　108
Criptografía y seguridad　　109
Cifrado cuántico　　109
Amenazas para los métodos de cifrado existentes　　110
Finanzas　　111
Análisis de riesgos　　111
Optimización de la cartera　　112

EL FUTURO DE LOS ORDENADORES CUÁNTICOS　　113

Desarrollo de qubits topológicos　　113
Avances en la corrección cuántica de errores　　113
Revolución en el tratamiento de datos　　114
Nuevos campos de investigación mediante simulaciones cuánticas　　114
Comercialización y aplicaciones industriales　　114
Cooperación entre ciencia e industria　　117
Protección de datos y seguridad　　118
Educación y mercado laboral　　120
Superar las barreras técnicas　　121
Desarrollo de normas y protocolos　　123
Fomento de la educación y el desarrollo de mano de obra cualificada　　125
Conclusión　　127

Introducción

Los ordenadores cuánticos están en boca de todos por varias razones.

Representan un avance significativo en la forma de concebir el tratamiento de datos y la tecnología informática y prometen grandes avances en muchos campos científicos e industriales. Además, a diferencia de lo que ocurría en el pasado, ya no son sólo el dominio de investigadores y científicos altamente especializados. En vista de las aplicaciones previstas, que podrían tener un impacto masivo en muchos ámbitos de la vida de todos, ha llegado el momento de escribir una obra de comprensión general sobre este tema. Los ordenadores cuánticos nos conciernen a todos.

Una de las principales razones del gran interés por los ordenadores cuánticos es su capacidad teórica para resolver problemas prácticamente irresolubles para los ordenadores convencionales. Esto incluye complejas simulaciones en física, química y ciencia de materiales, la mejora de algoritmos para inteligencia artificial, la optimización de grandes sistemas, por ejemplo en logística o modelos financieros, y no menos importante, la posibilidad de romper las técnicas de encriptación existentes. La posibilidad de descubrir y desarrollar más rápidamente nuevos fármacos simulando con mayor precisión las interacciones moleculares es otro ejemplo del enorme potencial de los ordenadores cuánticos.

Por último, la base de los ordenadores cuánticos -la mecánica cuántica- es fascinante por su falta de intuición y su desafío a nuestra comprensión de las leyes de la naturaleza. La mecánica cuántica, uno de los pilares de la física moderna, contradice muchos aspectos de la física clásica descriptiva, lo que provoca una mezcla de fascinación y alienación. Por ello, la aplicación de sus principios en una tecnología que tiene el potencial de cambiar nuestra sociedad despierta el interés no sólo de los expertos, sino también del público en general.

En definitiva, son las posibilidades revolucionarias, los retos tecnológicos y las profundas cuestiones científicas los que hacen de los ordenadores cuánticos un centro de interés.

La idea de que los ordenadores cuánticos ya son capaces de realizar operaciones aritméticas que llevarían miles de años al ordenador convencional más potente marca un punto de inflexión en el mundo del procesamiento de la información. Esta ventaja de rendimiento, que los primeros ordenadores cuánticos ya han demostrado en tareas especializadas, subraya el potencial transformador de la tecnología cuántica. Es una señal clara de que estamos al principio de un desarrollo revolucionario que trae consigo tanto inmensas oportunidades como importantes retos.

El escenario ejemplar, en el que un ordenador cuántico resuelve en minutos una tarea que a un superordenador clásico le llevaría miles de años, ilustra la capacidad única de los ordenadores cuánticos para abordar problemas explotando fenómenos cuánticos como la superposición y el entrelazamiento de un modo inimaginable en el mundo clásico. Esta capacidad tiene el potencial de revolucionar la investigación en campos como la ciencia de los materiales, el descubrimiento de fármacos, la inteligencia artificial y muchos otros, al ofrecer posibilidades totalmente nuevas para modelizar sistemas complejos y resolver problemas de optimización.

Al mismo tiempo, el desarrollo en curso de los ordenadores cuánticos plantea importantes cuestiones sobre la seguridad de los sistemas criptográficos existentes que constituyen la columna vertebral de la seguridad digital en todo el mundo. La posibilidad de poner en peligro los métodos de cifrado establecidos exige una revisión proactiva de los protocolos de seguridad y el desarrollo de nuevos enfoques criptográficos resistentes a los ataques cuánticos.

Abordar el tema de la computación cuántica no sólo es importante para científicos, tecnólogos y agentes de la industria, sino también para políticos, expertos en seguridad y, en última instancia, para la sociedad en su conjunto. La educación y la concienciación del público desempeñan un papel importante a la hora de comprender las oportunidades y los riesgos asociados a esta tecnología y de tomar decisiones informadas sobre su desarrollo y aplicación.

Estamos al principio de una era en la que las tecnologías cuánticas tienen el potencial de cambiar fundamentalmente nuestro mundo. Es crucial que nos embarquemos en este viaje con un profundo conocimiento de la propia tecnología y una visión clara de su impacto potencial. El desarrollo y la aplicación de las tecnologías cuánticas requieren una cuidadosa consideración de los aspectos éticos, sociales y de seguridad para garantizar que esta tecnología revolucionaria se utilice en beneficio de la humanidad.

Los ordenadores cuánticos representan una forma revolucionaria de procesar la información que difiere fundamentalmente de los ordenadores clásicos. Su concepto se basa en los principios de la mecánica cuántica, una teoría que describe el comportamiento de la materia y la energía en las escalas más pequeñas del universo. A diferencia de los ordenadores clásicos, que procesan datos en forma de bits que pueden adoptar el estado 0 o 1, los ordenadores cuánticos utilizan bits cuánticos o qubits. Un qubit puede existir no sólo en los estados 0 o 1, sino también en superposiciones de ambos, lo que se conoce como superposición. Esta capacidad permite a los ordenadores cuánticos representar y procesar simultáneamente un enorme número de estados posibles.

Otro principio fundamental de la informática cuántica es el entrelazamiento, un fenómeno en el que los qubits se enlazan entre sí en un estado tal que el estado de un solo qubit puede influir inmediatamente en el estado de otro, independientemente de la distancia que los separe. Esto permite un tipo de procesamiento paralelo inalcanzable en los sistemas clásicos.

Gracias a estas propiedades, los ordenadores cuánticos pueden realizar determinados tipos de cálculos mucho más rápido que sus homólogos clásicos, sobre todo los relacionados con la factorización de grandes números, la simulación de sistemas cuánticos y ciertos problemas de optimización.

Sin embargo, los retos que plantea la construcción y ampliación de ordenadores cuánticos son considerables. Los qubits son extremadamente susceptibles a las perturbaciones externas, un fenómeno conocido como decoherencia, que puede destruir sus estados cuánticos. Por ello, los ordenadores cuánticos requieren temperaturas extremadamente bajas y un blindaje especial para ser operativos. A pesar de estas dificultades, los investigadores avanzan con paso firme y ya existen ordenadores cuánticos operativos con un número limitado de qubits que se utilizan para tareas de investigación especializadas y aplicaciones experimentales.

Los avances en el campo de la computación cuántica podrían tener un enorme impacto a largo plazo en numerosos campos, desde la ciencia de los materiales hasta la farmacia y la criptografía. La capacidad de resolver problemas prácticamente irresolubles para los ordenadores convencionales abre nuevos horizontes a la ciencia y la tecnología. Sin embargo, aún queda mucho trabajo de investigación y desarrollo por hacer antes de que los ordenadores cuánticos estén listos para su uso generalizado.

Los ordenadores cuánticos representan un cambio fundamental respecto a las tecnologías informáticas tradicionales, ya que utilizan principios de la mecánica cuántica para realizar tareas de procesamiento de datos que requieren mucho tiempo o son prácticamente imposibles para los ordenadores clásicos. Este nuevo tipo de ordenador utiliza bits cuánticos, o qubits, en lugar de bits clásicos para almacenar y procesar la información.

Le llevamos de viaje por la apasionante historia y el futuro de los ordenadores cuánticos, que pronto definirán todas nuestras vidas de formas que hoy sólo podemos adivinar.

Conceptos básicos

Bits cuánticos (qubits)

En el corazón de un ordenador cuántico se encuentran los qubits. A diferencia de los bits clásicos, que existen en uno de dos estados posibles, 0 o 1, los qubits pueden estar en un estado que es una superposición de 0 y 1 gracias al principio de superposición. Esta capacidad permite a los qubits transportar y procesar más información que los bits clásicos.

La superposición es un estado en el que pueden encontrarse los qubits, y permite que un qubit mantenga diferentes probabilidades para el estado 0 y 1 al mismo tiempo. Cuando un sistema de N qubits está en superposición, puede representar 2^N estados diferentes simultáneamente, lo que representa un aumento exponencial de la capacidad de procesamiento de información en comparación con N bits clásicos.

Otro fenómeno de la mecánica cuántica que se utiliza en los ordenadores cuánticos es el entrelazamiento. Dos o más qubits pueden existir en un estado entrelazado, en el que el estado de un solo qubit determina directamente el estado de los demás qubits implicados, independientemente de su distancia espacial. El entrelazamiento permite coordinaciones complejas y cálculos simultáneos inalcanzables en los sistemas clásicos.

Los ordenadores cuánticos también utilizan el fenómeno de la interferencia cuántica para controlar las probabilidades de los estados de los qubits, eliminando así los resultados computacionales no deseados y amplificando los deseados.

Funcionalidad y retos

Los ordenadores cuánticos realizan cálculos manipulando qubits y utilizando los principios de superposición y entrelazamiento para lograr una enorme capacidad de procesamiento paralelo. Los algoritmos cuánticos diseñados específicamente para aprovechar estas propiedades pueden resolver ciertos tipos de problemas de forma mucho más eficiente que los algoritmos más conocidos de los ordenadores clásicos.

Uno de los mayores obstáculos técnicos para el desarrollo de ordenadores cuánticos es la decoherencia, proceso en el que los estados cuánticos sensibles de los qubits se ven perturbados por su interacción con el entorno, lo que provoca una pérdida de información cuántica. La puesta a punto de métodos fiables de corrección de errores cuánticos y el desarrollo de qubits estables que puedan permanecer en su estado cuántico durante más tiempo son áreas clave de investigación.

Ámbitos de aplicación y potencial

Los ordenadores cuánticos ofrecen nuevas y prometedoras posibilidades en muchos ámbitos.

Podrían poner en entredicho los sistemas de cifrado existentes y, al mismo tiempo, promover el desarrollo de nuevos métodos de cifrado cuántico.

Al simular moléculas y reacciones químicas, los ordenadores cuánticos podrían suponer un avance revolucionario en el descubrimiento de nuevos materiales y medicamentos.

Podrían encontrar soluciones más eficaces a problemas complejos de optimización en ámbitos como la logística, la fabricación y las finanzas.

El futuro de los ordenadores cuánticos es extremadamente prometedor, pero se enfrenta a importantes retos técnicos y teóricos. Los avances en tecnología cuántica, el desarrollo de algoritmos cuánticos y la superación de obstáculos técnicos como la decoherencia y la propensión a errores serán cruciales para aprovechar todo el potencial de los ordenadores cuánticos. A largo plazo, los ordenadores cuánticos no sólo podrían remodelar los actuales paradigmas computacionales, sino también abrir nuevas vías de investigación y permitir avances científicos hasta ahora inimaginables.

Breve historia de los ordenadores cuánticos

La historia de la computación cuántica es fascinante y compleja a la vez, y se caracteriza por los avances teóricos y experimentales que, en conjunto, constituyen los cimientos de esta revolucionaria tecnología. He aquí un resumen de algunos de los hitos más importantes en el camino hacia el desarrollo de los ordenadores cuánticos:

Años 80: Fundamentos teóricos

En 1981, Richard Feynman propuso que los ordenadores cuánticos podrían utilizarse para simular sistemas físicos demasiado complejos para los ordenadores clásicos. Feynman identificó la dificultad inherente de simular sistemas cuánticos utilizando medios clásicos y argumentó que era necesario un nuevo enfoque basado en la mecánica cuántica.

En 1982, Paul Benioff describió el concepto de máquina cuántica de Turing, fundamento teórico de la informática cuántica, que demuestra que los sistemas cuánticos podrían utilizarse para realizar cálculos.

David Deutsch desarrolla la idea en 1985 y propone el formalismo de la máquina cuántica de Turing, que sienta las bases teóricas de los ordenadores cuánticos. También presenta el concepto de ordenador cuántico universal, capaz de realizar cualquier función computable.

Década de 1990: gran avance en algoritmos cuánticos

En 1994, Peter Shor desarrolló el algoritmo Shor, que lleva su nombre, y que demuestra que un ordenador cuántico puede factorizar grandes números de forma mucho más eficiente que los algoritmos más conocidos para ordenadores clásicos. Este avance tiene importantes implicaciones para la criptografía, en particular para la seguridad de muchos sistemas de cifrado.

En 1996, Lov Grover desarrolló el algoritmo Grover, que realiza una búsqueda en una base de datos sin ordenar cuadráticamente más rápido que cualquier algoritmo clásico. Esto demuestra la superioridad potencial de los ordenadores cuánticos para determinadas tareas de búsqueda.

Década de 2000: primeros ordenadores cuánticos

A principios de la década de 2000, los investigadores empezaron a construir los primeros ordenadores cuánticos capaces de ejecutar algoritmos cuánticos sencillos. Estos primeros sistemas están aún muy lejos de la aplicabilidad práctica, pero marcan importantes hitos técnicos.

Década de 2010: acercándose a la superioridad cuántica

En 2019, Google anunció que su ordenador cuántico Sycamore había alcanzado la supremacía cuántica al realizar en 200 segundos un cálculo específico que al superordenador más potente del mundo le llevaría unos 10.000 años. Este hito se considera el comienzo de una nueva era en la computación cuántica, aunque las aplicaciones prácticas aún están muy lejos.

Perspectivas de futuro

En la actualidad, la investigación se centra sobre todo en mejorar la estabilidad y escalabilidad de los qubits, desarrollar ordenadores cuánticos tolerantes a fallos y encontrar aplicaciones prácticas para las tecnologías cuánticas. La evolución desde las primeras propuestas teóricas hasta la demostración de la superioridad cuántica demuestra lo lejos que ha llegado la tecnología de los ordenadores cuánticos. Los avances futuros prometen ser aún más apasionantes, con el potencial de cambiar profundamente la ciencia, la tecnología y la sociedad.

Principios básicos de la informática cuántica

La tecnología informática cuántica se basa en los principios de la mecánica cuántica, un campo de la física que describe el comportamiento de las partículas a la escala más pequeña posible. Esta tecnología difiere fundamentalmente de la informática clásica, que se basa en bits que pueden adoptar indistintamente el estado 0 o 1. En el centro de la informática cuántica están los bits cuánticos o qubits, que permiten un tratamiento de datos mucho más complejo gracias a los principios de superposición y entrelazamiento.

La superposición es el primer principio clave que permite a los qubits estar en un estado que corresponde a una combinación de 0 y 1. Esto permite a un qubit realizar múltiples cálculos simultáneamente. Esto permite a un qubit realizar múltiples cálculos simultáneamente. Esta capacidad de procesamiento paralelo aumenta potencialmente de forma significativa la velocidad de cálculo y la eficiencia de los ordenadores cuánticos en comparación con los ordenadores clásicos para determinadas tareas.

El segundo principio clave es el entrelazamiento, un fenómeno en el que el estado de un qubit está directamente vinculado al estado de otro qubit, independientemente de la distancia que los separe. Esta profunda conexión permite un procesamiento de datos excepcionalmente coordinado entre múltiples qubits. Los qubits entrelazados pueden transmitir información de una forma que no es posible con la comunicación clásica, lo que resulta especialmente valioso para aplicaciones en criptografía cuántica y redes cuánticas.

Otro concepto importante en la tecnología de la computación cuántica es la interferencia cuántica, que se utiliza para superponer las probabilidades de los estados de los qubits de forma que se cancelen las rutas de cálculo no deseadas y se refuercen las deseadas. Esto es crucial para desarrollar algoritmos eficientes para ordenadores cuánticos que puedan resolver tareas específicas, como la factorización de grandes números, una tarea en la que los ordenadores cuánticos tienen una ventaja teórica sobre los clásicos.

La corrección de errores cuánticos es otra consideración clave. Los estados cuánticos son muy susceptibles a las perturbaciones de su entorno, un fenómeno conocido como "decoherencia". El desarrollo de códigos de corrección de errores que puedan preservar la integridad de la información cuántica en un entorno ruidoso y decoherente es crucial para el uso práctico de los ordenadores cuánticos.

Los retos para hacer realidad la computación cuántica práctica son enormes, incluidos los obstáculos técnicos para producir y mantener los estados necesarios para la computación cuántica, así como para desarrollar algoritmos que aprovechen específicamente la computación cuántica. A pesar de estas dificultades, la investigación y el desarrollo de la tecnología de computación cuántica

avanzan a buen ritmo, con avances significativos en la
ciencia de los materiales, la crioingeniería, los algoritmos cuánticos y otras áreas que pueden ampliar los límites de la computabilidad y la información.

Qubits y sus propiedades

La fascinación por los qubits, o bits cuánticos, se debe a
su capacidad para traspasar los límites de la informática
clásica utilizando los exóticos principios de la mecánica
cuántica. A diferencia de los bits clásicos, que constituyen la espina dorsal de la tecnología informática tradicional y siempre asumen uno de dos estados posibles, 0
o 1, los qubits rompen esta restricción binaria y permiten
una forma mucho más rica de procesamiento de datos.

Un aspecto clave que hace tan especiales a los qubits es
su capacidad de superposición. Este fenómeno permite
que un qubit se encuentre en un estado que es una superposición de 0 y 1 a la vez. Imaginemos que un bit clásico sólo pudiera ser rojo o verde, mientras que un qubit
puede ser rojo y verde en distintos grados. Esta superposición amplía exponencialmente la cantidad de información que puede contener un solo qubit en comparación con un bit clásico, y permite que un conjunto de
qubits represente simultáneamente una enorme cantidad de estados diferentes.

Otra característica destacable de los qubits es el entrelazamiento cuántico, un estado en el que dos o más qubits
están conectados de tal manera que el estado de un solo

qubit no puede describirse independientemente de los estados de los demás. Este invento permite transferir información entre qubits aunque estén separados espacialmente, lo que puede dar lugar a procesos computacionales extremadamente eficientes. Los qubits entrelazados pueden actuar de forma coordinada, incluso a grandes distancias, sin comunicación directa entre ellos.

La superposición y el entrelazamiento constituyen la base de la superior capacidad de cálculo de los ordenadores cuánticos. Estas propiedades permiten a los ordenadores cuánticos abordar problemas complejos de un modo inalcanzable para los ordenadores clásicos. Por ejemplo, pueden resolver ciertos problemas matemáticos, como la factorización de grandes números, mucho más rápido, lo que tiene importantes implicaciones para la criptografía. También podrían revolucionar el desarrollo de nuevos fármacos al permitir simular interacciones moleculares a un nivel hasta ahora inaccesible.

Pese a su enorme potencial, la tecnología de los qubits aún se encuentra en las primeras fases de desarrollo. Su realización práctica se enfrenta a considerables retos técnicos, como aumentar la estabilidad de los qubits y protegerlos de interferencias externas que podrían afectar a sus sensibles estados cuánticos.

Superposición

La capacidad de superposición de los qubits es una piedra angular que distingue la informática cuántica de la clásica y le confiere un potencial extraordinario. La superposición permite a los qubits estar en un estado que puede entenderse como una combinación de los estados clásicos 0 y 1. Estos estados se describen mediante la mecánica cuántica. Estos estados se describen mediante la mecánica cuántica, y la amplitud de los estados indica la probabilidad de encontrar el qubit en uno de los dos estados clásicos durante una medición. La representación matemática de un estado de este tipo utiliza números complejos para describir tanto la amplitud como la fase de estas superposiciones, lo que da lugar a una rica estructura de posibilidades de información que va mucho más allá de lo que es posible con un simple bit.

La superposición permite a los ordenadores cuánticos trabajar en paralelo explorando múltiples caminos computacionales simultáneamente. A diferencia de un ordenador clásico, que debe recorrer secuencialmente todos los caminos posibles, un ordenador cuántico con n qubits puede teóricamente explorar hasta 2^n estados simultáneamente. Esta capacidad de procesamiento paralelo es especialmente útil para problemas en los que hay que buscar rápidamente entre un gran número de posibles soluciones, como la optimización, la factorización de grandes números o los algoritmos de búsqueda.

El carácter exponencial del procesamiento de la información en los ordenadores cuánticos mediante superposición abre posibilidades revolucionarias, pero también plantea retos prácticos. Para utilizar eficazmente esta potencia de procesamiento paralelo, hay que desarrollar algoritmos cuánticos específicos que tengan en cuenta las peculiaridades de la mecánica cuántica. Probablemente el algoritmo cuántico más conocido, el algoritmo de Shor para factorizar grandes números, demuestra el potencial de los ordenadores cuánticos para resolver determinados problemas de forma mucho más eficiente que los ordenadores clásicos.

Sin embargo, la realización de estos potenciales es compleja en la práctica. Los estados de superposición son muy sensibles a las perturbaciones externas, lo que provoca decoherencia, es decir, la pérdida de los estados mecánicos cuánticos necesarios para los cálculos. El desarrollo de sistemas cuánticos robustos y el mantenimiento de la coherencia durante periodos de tiempo lo suficientemente largos como para realizar cálculos significativos sigue siendo uno de los mayores retos de la tecnología de computación cuántica.

Además, la utilización de la capacidad de procesamiento paralelo que proporciona la superposición exige el desarrollo de nuevos paradigmas y algoritmos de programación. La programación cuántica es fundamentalmente diferente de la programación clásica, ya que utiliza directamente las propiedades únicas de los qubits, como la superposición y el entrelazamiento, para resolver problemas de nuevas maneras.

Enredo

El entrelazamiento de qubits representa uno de los fenómenos más difíciles de la física cuántica, que no sólo desafía nuestra comprensión del espacio y el tiempo, sino que también constituye la base de aplicaciones revolucionarias en tecnología cuántica. Albert Einstein acuñó el término "espeluznante acción a distancia" para expresar su escepticismo y fascinación ante la idea de que dos o más partículas puedan estar conectadas de un modo que parezca independiente de la distancia que las separa. Esta propiedad contradecía la idea de Einstein de una realidad local en la que los objetos sólo pueden verse influidos por interacciones directas en su entorno inmediato.

En el mundo de la mecánica cuántica, el entrelazamiento permite que el estado de un qubit afecte instantáneamente al estado de otro qubit, independientemente de la distancia que los separe. Esto significa que las mediciones en un qubit pueden tener efectos instantáneos en el estado de un qubit entrelazado, aunque estén a años luz de distancia. Esta propiedad no local tiene implicaciones de gran alcance y permite enfoques completamente nuevos del procesamiento y la transmisión de la información.

Las aplicaciones del entrelazamiento cuántico en la informática y la comunicación cuánticas son diversas y revolucionarias. En criptografía cuántica, por ejemplo, el entrelazamiento permite métodos de comunicación extremadamente seguros. Al crear pares de qubits entrelazados, dos partes pueden intercambiar una clave absolutamente segura, ya que cualquier intento de escucha perturbaría el entrelazamiento y, por tanto, se detectaría inmediatamente. Así se aprovecha la incertidumbre inherente a los estados cuánticos para garantizar la seguridad de la comunicación.

En informática cuántica, el entrelazamiento permite realizar cálculos complejos de una forma que no es factible con los ordenadores clásicos. Diseñando algoritmos que funcionen con qubits entrelazados, los ordenadores cuánticos pueden realizar tareas como simular moléculas o descifrar cifrados, que abrumarían a los ordenadores clásicos, en un tiempo drásticamente reducido.

A pesar de su enorme potencial, la realización práctica y el mantenimiento de estados entrelazados en sistemas cuánticos representa un reto importante. La generación y manipulación de qubits entrelazados exige un control extremadamente preciso y el blindaje contra cualquier forma de influencia ambiental que pudiera perturbar los sensibles estados cuánticos. La investigación y el desarrollo en este campo son intensivos y su objetivo es desarrollar sistemas cuánticos robustos que puedan materializar plenamente la promesa del entrelazamiento cuántico.

Fundamentos del entrelazamiento

La aparente discrepancia entre el entrelazamiento cuántico y la teoría de la relatividad ha dado lugar a debates e investigaciones en física. La teoría de la relatividad, formulada por Albert Einstein, afirma que ninguna información o efecto puede viajar más rápido que la luz. A primera vista, podría parecer que el entrelazamiento cuántico, en el que la medición de un qubit determina instantáneamente el estado de otro qubit espacialmente separado, viola este principio. La clave para entender por qué no es una contradicción reside en el tipo de información transmitida y en la naturaleza del propio entrelazamiento.

Durante el entrelazamiento no se transfiere información ni señales convencionales entre los qubits. En su lugar, se establece una correlación que sólo se hace evidente cuando se realizan mediciones y se comparan. Así, cuando se mide un par de qubits entrelazados, la medición de un qubit determina instantáneamente el estado del otro, pero este cambio no puede utilizarse para transmitir información a velocidades superiores a la de la luz. Esto significa que el entrelazamiento no viola la estructura causal del espaciotiempo descrita por la teoría de la relatividad.

La correlación entre qubits entrelazados es el resultado de su historia común y de las leyes de la mecánica cuántica que los rigen, no una transferencia de información en el sentido clásico. Este fenómeno demuestra la no localidad de la mecánica cuántica, que establece que las partes de un sistema entrelazado no pueden considerarse completamente independientes entre sí, independientemente de su distancia espacial. Sin embargo, esta no-localidad no constituye un mecanismo de transmisión instantánea de información reconocible, preservando así la integridad de la teoría de la relatividad.

Por tanto, el entrelazamiento cuántico y su aparente instantaneidad no contradicen la limitada velocidad de transmisión de la información según la teoría de la relatividad. En cambio, nos obligan a replantearnos nuestras nociones de causalidad y separación en un universo profundamente caracterizado por propiedades cuánticas. Esta interacción finamente sintonizada entre mecánica cuántica y relatividad sigue siendo un campo fascinante para la investigación teórica y experimental que continúa ampliando nuestra comprensión de los principios fundamentales del universo.

Aplicaciones del entrelazamiento

Las propiedades únicas del entrelazamiento tienen muchas aplicaciones en la teoría y la tecnología de la información cuántica.

Criptografía cuántica

El protocolo BB84, introducido por Charles Bennett y Gilles Brassard en 1984, es un hito en la criptografía cuántica y marca el comienzo de una nueva era en la comunicación segura.

Aunque el protocolo BB84 en sí no se basa directamente en el entrelazamiento cuántico, sino en los principios de la mecánica cuántica, en particular la indeterminación, existen protocolos relacionados que utilizan el entrelazamiento para mejorar aún más la seguridad. El principio fundamental en el que se basan el BB84 y los protocolos afines es el uso de propiedades cuánticas únicas para generar y verificar una clave segura, que luego puede utilizarse para cifrar mensajes.

En el protocolo BB84, el emisor, a menudo llamado Alice, envía una serie de qubits al receptor, Bob, con cada qubit en uno de los cuatro estados posibles. Estos estados representan dos bases diferentes (por ejemplo, la polarización de los fotones), y los qubits se envían en una base elegida al azar. Bob también mide cada qubit entrante en una base elegida al azar. Una vez transmitidos todos los qubits, Alice y Bob comparten públicamente las bases en las que fueron enviados y medidos, respectivamente, sin revelar los resultados de las mediciones. Los qubits cuyas bases coinciden se utilizan para generar la clave, mientras que los demás se descartan.

La seguridad del protocolo se basa en dos importantes principios cuánticos. En primer lugar, el principio de incertidumbre de Heisenberg establece que el proceso de medición de un estado cuántico lo perturba inevitablemente si el estado no se mide en la base correcta. En segundo lugar, el teorema de no clonación de la mecánica cuántica prohíbe la creación de copias exactas de estados cuánticos desconocidos. Estas propiedades garantizan que cualquier intento de espionaje del intercambio de claves por parte de un fisgón dejará inevitablemente un rastro al influir en los resultados de las mediciones de Alice y Bob. Comparando un subconjunto de sus resultados de medición, Alice y Bob pueden determinar si la seguridad está garantizada. Si la tasa de error es inferior a un determinado umbral, pueden suponer que el intercambio ha sido seguro; en caso contrario, deben suponer que la clave ha sido comprometida y el proceso debe repetirse.

Mientras que BB84 y sus derivados ya proporcionan un alto nivel de seguridad, los protocolos basados en el entrelazamiento cuántico, como el protocolo Ekert (E91), amplían las características de seguridad utilizando pares de qubits entrelazados. En este caso, cualquier intento de escucha no sólo provoca una perturbación que puede detectarse, sino que el propio entrelazamiento proporciona una base de seguridad aún más sólida, ya que las correlaciones entre los qubits entrelazados se utilizan para la generación y verificación de claves.

Estos avances en criptografía cuántica prometen una seguridad casi inquebrantable, ya que se basan en las leyes fundamentales de la física y no sólo en la complejidad de los problemas matemáticos. El desarrollo y la aplicación continuos de estas tecnologías podrían cambiar radicalmente el futuro de la comunicación segura.

Informática cuántica

El entrelazamiento desempeña un papel fundamental en el extraordinario rendimiento de los ordenadores cuánticos, ya que permite coordinar estados y operaciones en múltiples qubits, lo que da lugar a un aumento exponencial de la capacidad de procesamiento de información con respecto a los ordenadores clásicos. Esta capacidad es especialmente importante para la aplicación de algoritmos cuánticos avanzados, como el algoritmo de Shor para factorizar grandes números y el algoritmo de Grover para buscar eficientemente en bases de datos.

El algoritmo de Shor es quizá el ejemplo más conocido de la superioridad de los ordenadores cuánticos para tareas específicas. Los algoritmos tradicionales para factorizar números grandes, una tarea fundamental para la seguridad de muchos de los sistemas criptográficos actuales, requieren un tiempo de cálculo exponencialmente mayor a medida que aumenta el tamaño de los números. Sin embargo, el algoritmo cuántico de Shor puede factorizar estos números en tiempo polinómico, lo que significa que requiere sólo moderadamente más recursos informáticos a medida que aumenta la longitud del número. En teoría, este aumento de la eficiencia podría comprometer la seguridad de la mayoría de los sistemas de cifrado actuales, ya que se basan en la dificultad de factorizar números grandes.

En cambio, el algoritmo de Grover ofrece una ventaja cuadrática en velocidad de búsqueda en bases de datos no ordenadas. Mientras que un algoritmo clásico tiene que buscar en la mitad de todas las entradas por término medio antes de encontrar la entrada deseada, el algoritmo de Grover reduce el número de pasos de búsqueda necesarios a la raíz cuadrada del número total de entradas. Esto significa que, para una base de datos con un millón de entradas, sólo se necesitan unas 1.000 operaciones de búsqueda en lugar de 500.000. Aunque esta ventaja no es tan espectacular como la del algoritmo de Shor para la factorización, podría tener un impacto significativo para determinadas aplicaciones, como en criptografía y en la resolución de ciertos problemas de optimización.

La aplicación de estos algoritmos en un ordenador cuántico requiere un control cuidadoso del entrelazamiento entre qubits. El entrelazamiento permite a los qubits interactuar en un estado coherente, necesario para la ejecución paralela de cálculos en un número exponencial de estados. Esta capacidad de procesamiento paralelo es la clave de la superioridad de los ordenadores cuánticos en determinadas tareas.

A pesar del impresionante potencial de estos algoritmos, los retos prácticos que plantea la creación de potentes ordenadores cuánticos son considerables. Entre ellos están la generación y el mantenimiento del entrelazamiento en un gran número de qubits, la minimización de errores por decoherencia cuántica y el problema general de la escalabilidad de los sistemas cuánticos. Sin embargo, la investigación en estas áreas es muy activa y los avances en el desarrollo de mecanismos de corrección de errores y la producción de qubits más estables permiten albergar esperanzas de que en el futuro se hagan realidad ordenadores cuánticos que puedan utilizar estos algoritmos con eficacia.

Teletransporte cuántico

El teletransporte cuántico es un fenómeno fascinante que resulta directamente de las propiedades únicas del entrelazamiento cuántico y tiene el potencial de cambiar fundamentalmente la forma en que se transmite la información. En esencia, el teletransporte cuántico permite transferir el estado cuántico de un qubit a otro qubit a distancias arbitrarias sin necesidad de transferir físicamente el propio qubit o sus propiedades individuales. Este concepto puede sonar a ciencia ficción al principio, pero se basa en principios físicos sólidos y ya se ha demostrado experimentalmente.

El procedimiento de teletransporte cuántico comienza con un par de qubits entrelazados que se dividen entre dos partes, a menudo llamadas Alice y Bob. Alice tiene otro qubit cuyo estado quiere transferir a Bob. Para realizar el teletransporte, Alice realiza una medición especial en su qubit y en su parte del par enredado. Esta medida cambia el estado de su qubit entrelazado de una manera que depende del estado del qubit que se va a teletransportar, aunque estos dos qubits nunca hayan interactuado directamente entre sí.

El elemento crucial aquí es que la medición de Alice también influye en el estado del qubit de Bob, gracias a la conexión mágica creada por el entrelazamiento. Sin embargo, en este punto Bob aún no sabe en qué estado se encuentra su qubit. Para reconstruir con precisión el estado original del qubit de Alice, ésta debe comunicarle el resultado de su medición a través de un canal de comunicación clásico. Con esta información, Bob puede realizar una serie de operaciones en su qubit para reconstruir el estado exacto del qubit original de Alice.

Es importante subrayar que en el teletransporte cuántico no se transmite información más rápido que la luz. La necesidad de transmitir el resultado de la medición por un canal clásico garantiza que el teletransporte cuántico no viola la teoría de la relatividad. Además, no se transmite materia ni energía en sentido estricto, sino el estado de un qubit, que es una forma más sutil de transferencia de información.

El teletransporte cuántico tiene importantes implicaciones para el desarrollo de las redes y la comunicación cuánticas. Permite la transmisión segura de información cuántica a larga distancia y es un concepto clave para la realización de la internet cuántica, donde la información se basa en estados cuánticos y puede alcanzar así un nuevo nivel de seguridad y eficiencia. Además, el teletransporte cuántico podría utilizarse en futuros sistemas de computación cuántica para transferir información cuántica entre distintas partes de un ordenador cuántico o incluso entre distintos ordenadores cuánticos, lo que podría suponer un avance significativo en el desarrollo de sistemas de computación cuántica escalables y redes cuánticas complejas.

Problemas de entrelazamiento

El uso práctico del entrelazamiento cuántico sigue enfrentándose a numerosos retos. La generación y mantenimiento de estados entrelazados es técnicamente exigente, ya que los qubits son extremadamente susceptibles a la decoherencia por influencias ambientales. El desarrollo de tecnologías que permitan estados de entrelazamiento estables durante periodos de tiempo más largos y a mayores distancias es un campo de investigación activo.

Coherencia y decoherencia

Los conceptos de coherencia y decoherencia son fundamentales para la comprensión y el desarrollo de la tecnología de la informática cuántica. Se refieren a la estabilidad de los estados cuánticos, esenciales para la realización de cálculos en los ordenadores cuánticos.

Coherencia

La coherencia en el mundo cuántico es un concepto central que describe la capacidad fundamental de los sistemas cuánticos para estar en un estado bien definido de superposición o entrelazamiento y mantener este estado a lo largo del tiempo.

Esta capacidad es esencial para el funcionamiento de los ordenadores cuánticos, ya que constituye la base para realizar cálculos cuánticos. El tiempo de coherencia define la ventana temporal crítica dentro de la cual puede procesarse la información cuántica antes de que las interacciones inevitables con el entorno -un proceso conocido como decoherencia- alteren los estados cuánticos hasta tal punto que pierdan sus propiedades mecánicas cuánticas.

Conseguir tiempos de coherencia más largos es una de las prioridades de investigación más importantes en el desarrollo de ordenadores cuánticos, ya que influyen directamente en el rendimiento y la viabilidad de estos sistemas. Cuanto mayor sea el tiempo de coherencia de un qubit, más operaciones podrán realizarse teóricamente con él antes de que la decoherencia haga que los cálculos dejen de ser fiables. Esto permite algoritmos más complejos y la solución de problemas más exigentes. Para aumentar los tiempos de coherencia, los científicos están explorando varios enfoques, como mejorar el aislamiento físico de los qubits, desarrollar qubits menos susceptibles a las influencias ambientales y aplicar técnicas avanzadas de corrección de errores que puedan compensar los efectos de la decoherencia.

Además, el tiempo de coherencia es un factor crucial para la escalabilidad de los ordenadores cuánticos. Para aplicaciones prácticas, los sistemas cuánticos deben ser capaces de procesar miles o incluso millones de qubits manteniendo un tiempo de coherencia suficiente para realizar cálculos significativos. Esto exige avances no sólo en la ciencia de los materiales y la tecnología cuántica, sino también en la física teórica y la algorítmica para desarrollar métodos eficientes de utilización y protección de la coherencia en sistemas cuánticos complejos.

Decoherencia

La decoherencia es uno de los mayores obstáculos para el desarrollo y la ampliación de los ordenadores cuánticos. Es un reto fundamental, ya que afecta directamente a la capacidad de los ordenadores cuánticos para almacenar y procesar información. El proceso de decoherencia hace que los estados cuánticos de los qubits se "fusionen" con su entorno, lo que provoca la pérdida de propiedades cuánticas características como la superposición y el entrelazamiento. En la práctica, esto significa que los qubits no pueden mantener su estado el tiempo suficiente para realizar cálculos complejos antes de degradarse a un estado clásico en el que funcionan como bits convencionales.

Las interacciones que conducen a la decoherencia pueden ser de naturaleza diversa, incluyendo influencias térmicas, electromagnéticas e incluso cósmicas. Cualquier interacción con el entorno externo, por pequeña que sea, puede bastar para perturbar la frágil superposición cuántica de un qubit. Por eso, mantener la coherencia cuántica exige condiciones ambientales extremadamente controladas, como un frío profundo cercano al cero absoluto y el uso de blindajes contra la radiación electromagnética.

La investigación en el campo de la tecnología de computación cuántica está muy centrada en encontrar formas de minimizar la decoherencia y ampliar los tiempos de coherencia de los qubits. Uno de los enfoques consiste en desarrollar qubits intrínsecamente más resistentes a la decoherencia. Esto incluye, por ejemplo, los qubits topológicos, que se basan en los principios de la computación cuántica topológica y son teóricamente más estables frente a las perturbaciones locales. Otro enfoque es el uso de métodos de corrección dinámica y códigos de corrección de errores, que permiten reconocer y corregir los errores causados por la decoherencia sin medir ni perturbar la propia información cuántica.

Control de la decoherencia

Controlar o minimizar la decoherencia es uno de los principales retos técnicos de la tecnología de computación cuántica. Investigadores e ingenieros están desarrollando diversas estrategias para ampliar los tiempos de coherencia de los qubits y minimizar los efectos de la decoherencia:

Aislamiento de qubits

Minimizar las interacciones entre los qubits y su entorno es crucial para retrasar la decoherencia y mejorar el rendimiento de los ordenadores cuánticos. Para minimizar las perturbaciones externas que provocan la decoherencia se aplican diversas soluciones tecnológicas y técnicas avanzadas. He aquí algunos de los métodos más importantes utilizados en la tecnología de la computación cuántica:

- Cámaras de vacío: Las cámaras de vacío desempeñan un papel importante en la reducción de la decoherencia al eliminar el aire y otros gases que podrían interactuar con los qubits. Al crear un entorno casi libre de partículas, se reduce la probabilidad de colisiones entre los qubits y las moléculas de aire, lo que da lugar a un entorno cuántico más estable. Esto es especialmente importante para los experimentos y ordenadores cuánticos que dependen de sistemas como los qubits basados en trampas de iones, en los que las partículas cargadas sirven de qubits.
- Refrigeración criogénica: La refrigeración criogénica es otra tecnología fundamental para retrasar la decoherencia. Muchos sistemas de computación cuántica, especialmente los basados en qubits superconductores, requieren

temperaturas extremadamente bajas, a menudo sólo unos pocos milikelvin por encima del cero absoluto. A estas temperaturas, casi toda la actividad térmica se reduce considerablemente, lo que minimiza la interacción de los qubits con su entorno y amplía los tiempos de coherencia. El crioenfriamiento también ayuda a reducir la excitación térmica de los propios qubits, que es otra fuente potencial de decoherencia.

- Blindaje: el blindaje contra la radiación electromagnética es crucial para minimizar las interferencias externas que podrían perturbar los estados cuánticos de los qubits. Esto incluye la protección contra la radiación de radiofrecuencia, los campos magnéticos e incluso los rayos cósmicos. Utilizando materiales que absorben o reflejan las ondas electromagnéticas, los investigadores pueden preservar la integridad de la información cuántica de los qubits.
- Además de las técnicas de blindaje físico, los investigadores también están desarrollando códigos avanzados de corrección de errores y técnicas dinámicas de cancelación de la decoherencia. Estos métodos pretenden corregir o compensar los efectos de la decoherencia incluso cuando se produce. Aplicando complejos algoritmos, los ordenadores cuánticos pueden reconocer y corregir posibles errores sin destruir la propia información cuántica.

- Desarrollo de nuevos sistemas de qubits: por último, se está trabajando en el desarrollo de nuevos tipos de qubits que sean naturalmente menos susceptibles a la decoherencia. Esto podría reducir la necesidad de controles ambientales extremadamente estrictos y facilitar la aplicación práctica de los ordenadores cuánticos.

Estos métodos y tecnologías son importantes para hacer avanzar la informática cuántica y superar los retos que plantea la decoherencia. Mediante la mejora continua de estas técnicas y el desarrollo de nuevos enfoques para controlar el entorno cuántico, los científicos se esfuerzan por ampliar los límites de lo que es posible con los ordenadores cuánticos.

Corrección y tolerancia de errores

El desarrollo de códigos cuánticos de corrección de errores y algoritmos tolerantes a fallos representa un avance decisivo en la tecnología de los ordenadores cuánticos. Estos enfoques permiten a los ordenadores cuánticos realizar cálculos correctos a pesar de la inevitable decoherencia y otras fuentes de error. Los códigos cuánticos de corrección de errores distribuyen la información cuántica entre varios qubits, de modo que incluso si algunos qubits se ven afectados por la decoherencia u otras perturbaciones, la información original puede reconstruirse a partir de los qubits restantes libres de errores.

- Corrección cuántica de errores: la idea básica de la corrección cuántica de errores es similar a la clásica, pero mucho más compleja debido a la naturaleza cuántica de la información, como la superposición y el entrelazamiento. Los códigos cuánticos de corrección de errores utilizan el entrelazamiento para distribuir estados cuánticos entre un grupo de qubits de tal forma que los errores que afectan a un solo qubit o a un pequeño grupo de qubits puedan detectarse y corregirse sin medir la propia información cuántica. Esto permite evitar los efectos destructivos de la decoherencia, ya que la información no se almacena en los qubits individuales, sino en su estado colectivo.
- Algoritmos tolerantes a fallos: Los algoritmos cuánticos tolerantes a fallos son aquellos que están diseñados para funcionar correctamente incluso en presencia de errores causados por las imperfecciones de los qubits y las operaciones. Estos algoritmos están diseñados para utilizar eficazmente las correcciones proporcionadas por los códigos de corrección de errores para garantizar que los cálculos produzcan resultados fiables.
- Recursos necesarios: La aplicación de algoritmos cuánticos de corrección de errores y tolerancia a fallos requiere un aumento significativo del número de qubits en un ordenador cuántico. Por cada qubit lógico utilizado para el cálculo,

pueden necesitarse decenas o incluso centenares de qubits físicos que proporcionen la redundancia necesaria para una corrección de errores eficaz. Este requisito plantea un reto técnico importante, ya que agrava las dificultades ya existentes para escalar los sistemas de computación cuántica y mantener la coherencia entre un gran número de qubits.

A pesar de las dificultades, la corrección cuántica de errores y los algoritmos tolerantes a fallos ofrecen una vía factible para hacer posible una computación cuántica fiable, por lo que constituyen un área activa de investigación. La mejora continua de la calidad de los qubits, el aumento de los tiempos de coherencia y el desarrollo de códigos de corrección de errores más eficientes podrían ayudar a reducir el número necesario de qubits físicos y hacer realidad los ordenadores cuánticos tolerantes a fallos.

Supresión dinámica de la decoherencia

La supresión dinámica de la decoherencia (DDS) representa una estrategia avanzada para combatir la decoherencia en los sistemas cuánticos. Esta técnica implica el uso de secuencias de control especialmente diseñadas para minimizar los efectos negativos de las perturbaciones ambientales sobre la coherencia de los qubits. La DDS pretende ampliar activamente los tiempos de coherencia de los qubits anulando las perturbaciones externas e internas que provocan la decoherencia. Esto permite a los qubits mantener sus estados mecánicos cuánticos durante periodos de tiempo más largos, lo que es crucial para realizar cálculos cuánticos complejos.

- Principios básicos de la supresión dinámica de la decoherencia: La supresión dinámica de la decoherencia se basa en la manipulación precisa de los qubits mediante una secuencia de pulsos de control. Estos impulsos están diseñados para detectar y neutralizar tipos específicos de perturbaciones que actúan sobre un qubit. Las secuencias de control actúan como un sistema de estabilización que protege a los qubits de los "choques" del mundo exterior.
- Aplicación: La aplicación del DDS requiere un profundo conocimiento de los mecanismos específicos que conducen a la decoherencia en un sistema cuántico determinado. Esto incluye el conocimiento de los tipos de perturbaciones, sus frecuencias y amplitudes. Con esta información, los investigadores pueden desarrollar secuencias de control personalizadas que contrarresten específicamente estas perturbaciones. Las secuencias pueden consistir en diversas operaciones físicas, como pulsos electromagnéticos, que se dirigen a los qubits para corregir sus estados a lo largo del tiempo y mantenerlos estables.

Aunque la supresión dinámica de la decoherencia es un enfoque prometedor, también plantea retos. El desarrollo de secuencias de control eficaces requiere un conocimiento preciso de la dinámica específica del sistema cuántico y de las interacciones con su entorno. Además, los pulsos de control deben aplicarse con gran precisión para evitar perturbaciones no deseadas que podrían introducir errores adicionales en el sistema. Esto requiere técnicas experimentales sofisticadas y la capacidad de manipular sistemas cuánticos con una precisión extraordinaria.

A pesar de las dificultades técnicas, la cancelación dinámica de la decoherencia ofrece una vía prometedora para mejorar el rendimiento de los ordenadores cuánticos. Al ampliar los tiempos de coherencia, abre la posibilidad de ejecutar algoritmos más complejos y ampliar los límites de lo que puede lograrse con la tecnología cuántica. La investigación y el desarrollo continuados en este campo podrían conducir a métodos aún más eficaces de supresión de la decoherencia y suponer una importante contribución a la realización de ordenadores cuánticos prácticos.

Importancia para la informática cuántica

Los actuales esfuerzos de investigación en tecnología de computación cuántica se dirigen a superar los retos de la conservación de la coherencia y el control de la decoherencia para sentar las bases de sistemas cuánticos prácticos. La capacidad de mantener estables los estados cuánticos durante largos periodos de tiempo es crucial, ya que influye directamente en la complejidad y naturaleza de los problemas que pueden resolverse con los ordenadores cuánticos. Los avances en estas áreas podrían permitir a los ordenadores cuánticos abordar tareas que resultan impracticables o imposibles para los ordenadores clásicos debido a limitaciones de tiempo o recursos computacionales.

- Ciencia de los materiales: Un aspecto clave de la investigación se centra en el desarrollo de nuevos materiales y diseños de qubits que sean intrínsecamente más resistentes a las influencias ambientales y permitan así tiempos de coherencia más largos. El descubrimiento y la aplicación de materiales que puedan funcionar a temperaturas más elevadas o en condiciones menos restrictivas podrían reducir considerablemente los costes de funcionamiento y la complejidad de los sistemas de computación cuántica.
- Corrección de errores y tolerancia a fallos: La mejora y aplicación de códigos cuánticos de corrección de errores y algoritmos tolerantes a fallos es otra área clave de investigación. Estas técnicas permiten detectar y corregir errores causados por procesos de decoherencia inevitables, aumentando así la fiabilidad de los cálculos cuánticos. El desarrollo de métodos de corrección de errores más eficaces podría reducir el número de qubits físicos necesarios por qubit lógico y mejorar la viabilidad de los ordenadores cuánticos.
- Técnicas de control y blindaje: La investigación en técnicas avanzadas de control y blindaje,

incluida la cancelación dinámica de la decoherencia, pretende controlar con precisión las interacciones de los qubits con su entorno. Aplicando secuencias de pulsos específicas y diseñando sistemas protegidos contra perturbaciones externas, los científicos pueden minimizar los efectos de la decoherencia. El ulterior desarrollo de estas tecnologías promete un aumento significativo de los tiempos de coherencia.
- Escalabilidad e integración de sistemas: para hacer realidad sistemas cuánticos utilizables en la práctica, es necesario encontrar soluciones para escalar los ordenadores cuánticos que puedan integrar y gestionar eficientemente un gran número de qubits. Esto incluye el desarrollo de arquitecturas y plataformas tecnológicas que permitan una comunicación e interacción fiables entre qubits a larga distancia y en redes complejas.

La consecución de estos objetivos exige la colaboración multidisciplinar de físicos, ingenieros, especialistas en materiales e informáticos. Los continuos avances en estos campos prometen no sólo el desarrollo de ordenadores cuánticos capaces de resolver problemas complejos con eficacia, sino también la apertura de nuevos campos de investigación y aplicaciones en criptografía, ciencia de materiales, síntesis química y muchos otros campos. La mejora continua del rendimiento de los ordenadores cuánticos ampliará sin duda nuestra comprensión del mundo y podría abrir la puerta a una nueva era de la tecnología.

Aplicaciones de la interferencia cuántica

La interferencia cuántica es un fenómeno que surge de los principios básicos de la mecánica cuántica. Ilustra cómo las partículas cuánticas, como electrones, fotones o átomos enteros, pueden presentar propiedades ondulatorias. Esta capacidad de las partículas para desplazarse por el espacio y el tiempo, creando patrones ondulatorios que pueden solaparse, da lugar a patrones de interferencia que normalmente se asocian a las ondas clásicas, como las ondas de agua o las ondas sonoras.

Paralelismo cuántico

La capacidad única de los ordenadores cuánticos para realizar múltiples cálculos simultáneamente está estrechamente relacionada con el fenómeno de la interferencia cuántica. Esta propiedad permite a los ordenadores cuánticos utilizar su inmensa potencia de cálculo y ofrece una ventaja fundamental sobre los ordenadores clásicos.

La interferencia cuántica permite superponer las amplitudes de las funciones de onda correspondientes a los distintos estados cuánticos de tal manera que la interferencia constructiva aumenta la probabilidad de los resultados deseados, mientras que la interferencia destructiva reduce las probabilidades de los resultados no deseados. Se pueden utilizar operaciones cuánticas cuidadosamente diseñadas (puertas cuánticas) para ajustar las fases de los qubits de forma que sus funciones de onda interfieran de la forma deseada al final del cálculo. Ejemplos de ello son

- Algoritmo de Shor: Utiliza la interferencia cuántica para factorizar grandes números de forma eficiente. Los patrones de interferencia generados por los cálculos cuánticos ayudan a determinar la periodicidad de una función, que es un paso clave en la factorización.
- Algoritmo de Grover: algoritmo de búsqueda que utiliza la interferencia cuántica para aumentar la probabilidad de encontrar el resultado de búsqueda correcto en una base de datos sin ordenar, lo que da lugar a una solución mucho más rápida que cualquier algoritmo clásico.

El reto de utilizar la interferencia cuántica reside en el control preciso de las fases de los qubits y en mantener la coherencia de los qubits a lo largo del tiempo. Cualquier forma de decoherencia puede alterar los patrones de interferencia y perjudicar el rendimiento informático. Los avances en las áreas de corrección de errores, diseño de qubits y blindaje de sistemas son cruciales para superar estos retos y aprovechar toda la potencia de la interferencia cuántica.

Criptografía cuántica

La interferencia cuántica también desempeña un papel importante en la criptografía cuántica, especialmente en protocolos como el BB84, diseñado para el intercambio seguro de claves. Aunque el protocolo BB84 se basa principalmente en los principios de la incertidumbre cuántica y la teoría de no clonación, el concepto de interferencia cuántica puede desempeñar un papel central en escenarios de comunicación cuántica relacionados o en extensiones de BB84 y otros protocolos basados en efectos de interferencia.

En esencia, el protocolo BB84 utiliza la incertidumbre cuántica enviando y recibiendo estados cuánticos en bases diferentes. Un intento de escucha en este contexto perturba inevitablemente el estado de los qubits debido al proceso de medición, lo que provoca errores reconocibles en el intercambio de claves. Esta perturbación puede interpretarse como un cambio en las expectativas relativas a los patrones de interferencia cuántica, aunque el protocolo se basa directamente en la imposibilidad de medir el estado de un sistema cuántico sin perturbación. Más adelante hablaremos de ello.

En otros contextos de la criptografía cuántica, como los protocolos de distribución de claves cuánticas basados explícitamente en patrones de interferencia cuántica, el papel de la interferencia cuántica es más directo. Los protocolos basados en la superposición e interferencia de estados cuánticos utilizan los patrones de interferencia sensibles para controlar la integridad de la comunicación. Cualquier interferencia por parte de un fisgón altera los patrones de interferencia de una manera que puede ser detectada por las partes comunicantes.

En los protocolos basados en la interferencia cuántica, suele enviarse una serie de qubits en estados especialmente preparados para generar patrones de interferencia específicos. Una intervención o intento de medición por parte de un tercero perturbaría estos patrones. Esta interferencia se manifestaría en un aumento de la tasa de error en los datos transmitidos, señalando a los participantes que la seguridad de su comunicación se ha visto comprometida.

El desarrollo ulterior de la criptografía cuántica podría basarse cada vez más en la utilización de la interferencia cuántica para desarrollar protocolos de comunicación aún más seguros. Como los patrones de interferencia son extremadamente sensibles a las perturbaciones, ofrecen una poderosa herramienta para garantizar la seguridad de la información transmitida. Los experimentos y protocolos basados en la interferencia cuántica distribuida podrían constituir la base de futuras redes de comunicación cuántica que ofrezcan una seguridad sin precedentes.

El uso de la interferencia cuántica en aplicaciones prácticas también plantea retos, en particular la necesidad de mantener altas tasas de coherencia de los qubits a lo largo del tiempo. Cualquier forma de decoherencia puede perturbar los patrones de interferencia y afectar así a la precisión y fiabilidad de los cálculos cuánticos.

Conclusión

La interferencia cuántica es un principio fundamental de la mecánica cuántica y constituye la espina dorsal de muchas tecnologías y métodos del mundo de la informática cuántica. Al comprender y manipular los patrones de interferencia cuántica, los investigadores pueden ampliar los límites del procesamiento de la información y abrir nuevas posibilidades en tecnología informática, criptografía y otros campos. A pesar de los retos técnicos que plantea la creación de sistemas cuánticos coherentes y escalables, la investigación sobre la interferencia cuántica promete avances apasionantes hacia la plena realización del potencial de los ordenadores cuánticos.

Ordenadores clásicos frente a ordenadores cuánticos

La comparación entre los ordenadores clásicos y los cuánticos no sólo pone de relieve la diferencia en su funcionamiento, sino también en sus posibles aplicaciones y limitaciones. Mientras que los ordenadores clásicos constituyen la base de la tecnología digital actual, los ordenadores cuánticos ofrecen una forma fundamentalmente nueva de procesar la información basada en los principios de la mecánica cuántica.

Principios básicos de funcionamiento

La diferencia fundamental entre los ordenadores clásicos y los cuánticos radica en la forma en que procesan y almacenan la información. Estas diferencias abren posibilidades para los ordenadores cuánticos que van mucho más allá de lo que es posible con los ordenadores clásicos, especialmente para determinados tipos de problemas.

Los ordenadores clásicos se basan en los bits como unidades básicas de información. Un bit es la cantidad más pequeña de datos y puede tener uno de dos estados: 0 ó 1. Estos estados binarios son la base del procesamiento clásico de la información, en el que los cálculos complejos se realizan combinando operaciones lógicas (como AND, OR y NOT) sobre estos bits. El rendimiento de los ordenadores clásicos, desde los smartphones hasta los superordenadores, se basa en la creciente miniaturización de los componentes de procesamiento de bits, lo que conduce a un aumento constante de la capacidad de cálculo. Sin embargo, los ordenadores clásicos siguen siendo fundamentalmente secuenciales en su capacidad de cálculo, aunque se utilicen técnicas como el procesamiento paralelo para aumentar la eficiencia.

Los ordenadores cuánticos, por su parte, utilizan bits cuánticos o qubits, que, a diferencia de los bits clásicos, aplican los principios de la mecánica cuántica. Un qubit puede existir no sólo en los estados 0 ó 1, sino también en una superposición de ambos estados simultáneamente. Esta superposición permite que un solo qubit contenga más información que un bit clásico. Además, los qubits pueden conectarse entre sí mediante el fenómeno del entrelazamiento cuántico, por el que el estado de un qubit puede influir directamente en el estado de otro, independientemente de la distancia que los separe. Estas propiedades permiten a los ordenadores cuánticos realizar una enorme cantidad de cálculos en paralelo.

El uso de interferencias cuánticas también permite a los ordenadores cuánticos seleccionar entre un gran número de posibles rutas de cálculo aquellas que conducen a la solución deseada. Esto permite a los ordenadores cuánticos resolver determinados problemas, como la factorización de grandes números (importante para la criptografía) o la simulación de sistemas cuánticos (importante para la ciencia de materiales y la farmacia),

potencialmente mucho más rápido que los ordenadores
clásicos.

Mientras que los ordenadores clásicos siguen siendo indispensables para el público en general y la industria
para tareas como el tratamiento de textos, la gestión de
bases de datos y muchos tipos de desarrollo de software,
los ordenadores cuánticos ofrecen soluciones a problemas antes inaccesibles. Sin embargo, la investigación y
el desarrollo en el campo de la tecnología informática
cuántica siguen enfrentándose a importantes retos técnicos, como la estabilización de los qubits y el escalado de
los sistemas cuánticos.

La computación cuántica se encuentra aún en una fase
temprana de desarrollo, pero los avances de la tecnología cuántica revolucionarán a medio y largo plazo nuestra forma de concebir el tratamiento de datos y la resolución de problemas. La naturaleza paralela de la
computación cuántica, junto con la capacidad de realizar
simulaciones complejas y permitir nuevas formas de
criptografía, apunta a un enorme potencial más allá de
lo que es posible con las tecnologías de computación clásicas.

Capacidad de cálculo y ámbitos de aplicación

La capacidad de cálculo y las áreas de aplicación de los
ordenadores clásicos y los cuánticos reflejan los principios fundamentalmente diferentes en los que se basan

estas tecnologías. Cada una tiene sus puntos fuertes y se adapta mejor a determinados tipos de tareas.

La fuerza de los ordenadores clásicos reside en su versatilidad y eficacia para una amplia gama de tareas. Son indispensables para aplicaciones cotidianas como el tratamiento de textos, la navegación por Internet, la reproducción multimedia y la ejecución de software empresarial. También son capaces de realizar complejos cálculos científicos y análisis de datos, de importancia capital en muchos ámbitos de la investigación y la industria. Su arquitectura les permite procesar grandes cantidades de datos de forma rápida y eficiente, basándose en una enorme y creciente biblioteca de algoritmos optimizados para una gran variedad de problemas.

Los ordenadores cuánticos, por su parte, son conocidos por sus ventajas potenciales en problemas específicos, especialmente los de cálculo intensivo. Su capacidad única para utilizar estados de superposición y entrelazamiento les permite encontrar soluciones a problemas que los ordenadores clásicos no podrían resolver en absoluto o sólo con un gasto de tiempo y energía poco práctico:

- Factorización de grandes números: Los ordenadores cuánticos podrían socavar la seguridad de los sistemas criptográficos actuales debido a la dificultad de este problema. El algoritmo de Shor, que funciona en ordenadores cuánticos, puede factorizar grandes números de forma

eficiente, lo que es prácticamente imposible para los ordenadores clásicos.
- Búsqueda en bases de datos sin clasificar: el algoritmo de Grover demuestra la capacidad de los ordenadores cuánticos para mejorar significativamente la eficiencia de las búsquedas en grandes conjuntos de datos sin clasificar al reducir drásticamente el número de pasos necesarios en comparación con los algoritmos clásicos.
- Simulación de sistemas cuánticos: Quizá una de las aplicaciones más prometedoras de los ordenadores cuánticos sea la simulación de sistemas cuánticos complejos. Esto podría permitir avances revolucionarios en la ciencia de los materiales al permitir a los investigadores predecir con exactitud el comportamiento de átomos y moléculas en el desarrollo de nuevos materiales y medicamentos.

Las aplicaciones potenciales de los ordenadores cuánticos podrían permitir avances revolucionarios en varios campos:

- Ciencia de los materiales: la simulación precisa de las propiedades de los materiales a nivel cuántico podría conducir al desarrollo de nuevos materiales con propiedades personalizadas.
- Criptografía: además del riesgo de comprometer los sistemas de cifrado existentes, los ordenadores cuánticos también proporcionan la base para

nuevos métodos de cifrado cuántico teóricamente indescifrables.
- Problemas de optimización: muchas áreas de la ciencia y la industria, desde la logística al análisis financiero, podrían beneficiarse de algoritmos cuánticos que resuelvan problemas de optimización de forma más eficiente.

Mientras que los ordenadores clásicos siguen siendo los caballos de batalla del procesamiento de la información, los ordenadores cuánticos ofrecen soluciones a retos hasta ahora inaccesibles. La coexistencia e integración de ambas tecnologías podría redefinir los límites de lo que es posible con la informática e impulsar la innovación en casi todos los ámbitos de la ciencia y la industria.

Escalabilidad y estabilidad

Las diferencias de escalabilidad y estabilidad entre los ordenadores clásicos y los cuánticos ponen de relieve los respectivos retos y oportunidades tecnológicos que caracterizan a ambas áreas.

Los ordenadores clásicos se benefician de décadas de desarrollo y optimización de su arquitectura. Su escalabilidad se basa en principios relativamente sencillos: A menudo se puede conseguir más rendimiento añadiendo más procesadores (o núcleos de cálculo), más RAM o soluciones de almacenamiento más grandes. Esta modularidad y capacidad de ampliación ha dado lugar a los potentes y versátiles sistemas informáticos que hoy se utilizan en casi todos los aspectos de la vida moderna.

La estabilidad y fiabilidad de los ordenadores clásicos son también el resultado de una amplia labor de investigación y desarrollo. Mecanismos avanzados de corrección de errores y técnicas robustas de integridad de datos garantizan que los sistemas funcionen correctamente incluso en caso de fallos de hardware o fallos externos. Estos sistemas están diseñados para ser tolerantes a fallos, lo que significa que pueden seguir funcionando incluso en caso de fallos de componentes individuales.

Los ordenadores cuánticos, en cambio, se enfrentan a retos únicos e importantes en términos de escalabilidad y estabilidad. Los principios básicos que hacen tan potentes a los ordenadores cuánticos -la superposición y el entrelazamiento- son también la fuente de sus mayores retos. Los qubits deben mantenerse en un estado cuántico controlado con precisión, lo que resulta extremadamente difícil por las interacciones con el entorno (decoherencia). Este problema se acentúa a medida que aumenta el número de qubits y la complejidad de los circuitos cuánticos.

La corrección cuántica de errores es un elemento clave para superar los retos de la decoherencia y otras fuentes de error. A diferencia de los sistemas clásicos, en los que la corrección de errores se consigue mediante redundancia y algoritmos de corrección sencillos, la corrección de errores en los sistemas cuánticos requiere planteamientos más complejos y sutiles. Dado que la medición de un estado cuántico lo modifica, los códigos de corrección de errores cuánticos deben diseñarse para detectar y corregir errores sin alterar la frágil información cuántica.

A pesar de estos retos, los beneficios potenciales de los ordenadores cuánticos son enormes, sobre todo para tareas que desbordan a los ordenadores clásicos. La investigación activa en áreas como la corrección cuántica de errores, el desarrollo de diseños de qubits más estables y algoritmos eficientes para controlar sistemas cuánticos está acercando poco a poco la realización de ordenadores cuánticos prácticos. La evolución paralela de la tecnología de la computación clásica y la tecnología de la computación cuántica augura un futuro en el que ambas tecnologías se utilizarán de forma complementaria para resolver una amplia gama de problemas, desde la investigación básica hasta las aplicaciones prácticas en la industria y la tecnología.

Estado de desarrollo y accesibilidad

El desarrollo y el uso de los ordenadores clásicos en comparación con los cuánticos reflejan claramente los diferentes niveles de madurez y los distintos ámbitos de aplicación de estas tecnologías.

La tecnología detrás de los ordenadores clásicos ha evolucionado continuamente durante décadas, dando lugar a una extraordinaria variedad de dispositivos que se utilizan en casi todos los aspectos de la vida cotidiana y en casi todas las industrias. Los ordenadores clásicos son la base de la moderna sociedad de la información y permiten realizar desde tareas básicas de comunicación y organización hasta complejos cálculos científicos y análisis de datos. Su tecnología es sofisticada y fiable, lo que los hace atractivos tanto para los consumidores como para las empresas. Gracias a la amplia gama de factores de forma disponibles -desde potentes servidores que forman la columna vertebral de Internet y las grandes redes corporativas hasta dispositivos móviles que caben en el bolsillo-, los ordenadores clásicos pueden utilizarse con flexibilidad en una gran variedad de aplicaciones.

Los ordenadores cuánticos, por su parte, ofrecen un potencial revolucionario para resolver determinadas categorías de problemas que los ordenadores clásicos no pueden resolver o sólo pueden hacerlo con un esfuerzo prohibitivo. A pesar de los importantes avances de la tecnología de computación cuántica y del creciente interés tanto del mundo académico como de la industria, esta tecnología se encuentra aún en una fase temprana de desarrollo. En la actualidad, los ordenadores cuánticos son principalmente herramientas de investigación y desarrollo. Algunos modelos se han puesto a disposición a través de servicios en la nube, lo que permite a investigadores y desarrolladores de todo el mundo experimentar con algoritmos cuánticos y explorar el potencial de esta nueva forma de computación. Sin embargo, los ordenadores cuánticos aún no están listos para su uso generalizado en la práctica. Los retos en términos de estabilidad, escalabilidad y susceptibilidad a los errores requieren más investigación y desarrollo intensivos.

Aunque los ordenadores clásicos seguirán desempeñando un papel central en nuestra vida cotidiana y en la economía mundial, científicos e ingenieros trabajan para ampliar los límites de la tecnología de la computación cuántica. El objetivo es desarrollar ordenadores cuánticos que puedan utilizarse de forma complementaria a los clásicos, sobre todo para tareas en las que ofrezcan una ventaja única. Esto podría anunciar una nueva era del procesamiento de la información en la que las ventajas combinadas de ambos tipos de ordenadores se utilizaran para resolver problemas complejos en ciencia, medicina, ciencia de los materiales y otros campos hasta ahora inaccesibles.

Los ordenadores clásicos y los cuánticos no son competidores directos, sino que se complementan en muchos aspectos. Los sistemas clásicos seguirán siendo indispensables para la inmensa mayoría de las tareas informáticas y para las aplicaciones cotidianas. Los ordenadores cuánticos, por su parte, podrían ofrecer soluciones a problemas que antes se consideraban insuperables, abriendo nuevos horizontes en la ciencia y la tecnología. El futuro podría ser testigo de una combinación de ambos enfoques, con ordenadores cuánticos y clásicos trabajando juntos para maximizar sus respectivos puntos fuertes.

El desarrollo de los ordenadores cuánticos

Fase inicial de la investigación y fundamentos teóricos

La fase inicial de la investigación y el desarrollo de los fundamentos teóricos de la tecnología de la computación cuántica están estrechamente ligados a los descubrimientos fundamentales de la mecánica cuántica. La propia mecánica cuántica comenzó a establecerse como un campo distinto de la física a principios del siglo XX, con trabajos pioneros de físicos como Max Planck, Albert Einstein, Niels Bohr, Werner Heisenberg, Erwin Schrödinger y muchos otros. Estos fundamentos teóricos sentaron las bases para comprender el comportamiento único y a menudo no intuitivo de la materia y la energía a las escalas más pequeñas.

Sin embargo, la idea del ordenador cuántico tal y como la conocemos hoy no empezó a tomar forma hasta la década de 1980. Algunos momentos y aportaciones clave han contribuido significativamente al desarrollo de los fundamentos teóricos:

Richard Feynman (1981)

Richard Feynman, uno de los físicos más brillantes e influyentes del siglo XX, desempeñó un papel decisivo en la conceptualización de la idea de la computación cuántica. Sus ideas y propuestas sentaron las bases de todos los desarrollos posteriores en el campo de la informática cuántica. Durante su famoso discurso en la Conferencia de Física de 1981, a menudo citado como "Simulación de la física con ordenadores", Feynman planteó una idea fundamental relativa a las limitaciones de los ordenadores clásicos para simular sistemas de mecánica cuántica.

Feynman sostenía que los ordenadores clásicos son inherentemente incapaces de simular con eficacia los sistemas cuánticos. La razón radica en la propia naturaleza de la mecánica cuántica, que se caracteriza por la superposición, el entrelazamiento y la no localidad, fenómenos que no tienen contrapartida directa en el mundo de la física clásica. Un ordenador clásico basado en bits binarios tendría que utilizar recursos exponencialmente crecientes para acercarse siquiera a capturar el espacio de estados de un sistema cuántico.

La brillante idea de Feynman era que un ordenador que utilizara los principios de la mecánica cuántica, es decir, un ordenador cuántico, podría superar estas limitaciones. Un dispositivo de este tipo podría simular de forma nativa sistemas cuánticos utilizando directamente las propiedades mecánicas cuánticas de la materia para realizar cálculos.

Esta idea fue revolucionaria porque allanó el camino para un paradigma completamente nuevo de procesamiento de la información. En lugar de intentar simular la mecánica cuántica dentro de los confines de un modelo computacional clásico, Feynman propuso utilizar las reglas de la propia mecánica cuántica como base para los cálculos y simulaciones. Esto abrió la posibilidad teórica de abordar problemas inaccesibles para los ordenadores clásicos, como la simulación de moléculas y materiales, problemas de optimización y el desarrollo de nuevos tipos de algoritmos cuánticos.

La conferencia de Feynman inspiró a generaciones de físicos, matemáticos e informáticos a desarrollar los conceptos y tecnologías necesarios para hacer realidad los ordenadores cuánticos. Aunque los retos técnicos son enormes y la tecnología de la computación cuántica aún está en pañales, la investigación en curso ya ha dado lugar a avances significativos. También ha profundizado nuestra comprensión de los fundamentos de la mecánica cuántica y sus aplicaciones en el tratamiento de la información.

Las visionarias ideas de Feynman son un brillante ejemplo de cómo profundos conocimientos teóricos pueden marcar el rumbo del desarrollo científico y tecnológico. Su contribución a la computación cuántica sigue siendo un legado fundamental en la historia de la informática y la física cuántica.

David Deutsch (1985)

David Deutsch, físico británico, desempeñó un papel crucial en el desarrollo de los fundamentos teóricos de la computación cuántica con su formulación del concepto de máquina de Turing cuántica en la década de 1980. Este trabajo, a menudo considerado un hito en la tecnología de la computación cuántica, amplió al ámbito cuántico el modelo clásico de la máquina de Turing, que constituye la base para entender lo que significa realizar cálculos.

El concepto de máquina de Turing cuántica de Deutsch fue el primer intento riguroso de extender el modelo tradicional de la máquina de Turing -un modelo de máquina abstracto que representa los principios de la computación algorítmica- a los sistemas cuánticos. Mientras que una máquina de Turing clásica se basa en estados binarios (bits) y utiliza transiciones deterministas entre estos estados, una máquina de Turing cuántica utiliza bits cuánticos (qubits), que pueden estar en estados de superposición, y procesa la información mediante transiciones cuánticas.

El trabajo de Deutsch proporcionó una base formal para la teoría de la computación cuántica y demostró que los ordenadores cuánticos pueden resolver potencialmente ciertos tipos de problemas de forma más eficiente que los ordenadores clásicos. Una diferencia clave entre las máquinas de Turing clásicas y las cuánticas radica en su capacidad para realizar cálculos en paralelo. Debido a los fenómenos cuánticos de superposición y entrelazamiento, las máquinas de Turing cuánticas pueden realizar un número exponencial de cálculos simultáneamente, lo que les confiere una ventaja teórica para determinados problemas.

Las ideas de Deutsch abrieron la puerta al desarrollo de algoritmos cuánticos específicos que aprovechan las propiedades únicas de los ordenadores cuánticos.

Algunos ejemplos son el algoritmo de Shor para factorizar grandes números y el algoritmo de Grover para buscar en bases de datos sin ordenar. Ambos algoritmos demuestran la superioridad de los ordenadores cuánticos sobre los clásicos para problemas específicos.

Al formular el concepto de máquina cuántica de Turing, David Deutsch no sólo sentó las bases teóricas de la computación cuántica, sino que proporcionó el marco conceptual que permitió explorar los límites y posibilidades de esta nueva forma de procesamiento de la información. Su trabajo ha demostrado que los principios de la mecánica cuántica no sólo revelan fenómenos físicos fascinantes, sino que también pueden tener aplicaciones prácticas en el procesamiento de la información que tienen el potencial de cambiar fundamentalmente el panorama de la tecnología informática.

Peter Shor (1994)

Peter Shor, matemático estadounidense y profesor del Instituto Tecnológico de Massachusetts (MIT), realizó en 1994 un avance revolucionario en la tecnología de los ordenadores cuánticos con el desarrollo del algoritmo Shor, que lleva su nombre. Este algoritmo demuestra la capacidad de un ordenador cuántico para factorizar números grandes en sus factores primos en un tiempo que escala polinómicamente con la longitud de los números. Esto contrasta con los algoritmos más conocidos de los ordenadores clásicos, cuyo tiempo de ejecución aumenta exponencialmente con la longitud del número a factorizar.

La factorización de números grandes es un problema clásico de la teoría de números, pero tiene aplicaciones prácticas en criptografía, especialmente en el contexto del método de cifrado RSA, ampliamente utilizado. La seguridad de RSA se basa en el supuesto de que la factorización de un número grande, que es el producto de dos números primos grandes, es prácticamente imposible para los ordenadores clásicos. El descubrimiento de Shor demostró que esta suposición ya no es defendible en la era de los ordenadores cuánticos, ya que existe un algoritmo cuántico eficiente que puede resolver esta tarea.

La capacidad potencial de los ordenadores cuánticos para ejecutar el algoritmo Shor tiene profundas implicaciones para la seguridad de la mayoría de los sistemas criptográficos actuales. Pone de relieve la necesidad de desarrollar nuevos esquemas criptográficos que sigan siendo seguros en la era de los ordenadores cuánticos, conocida como criptografía post-cuántica.

El desarrollo del algoritmo Shor actuó como catalizador del interés y la inversión en tecnología de computación cuántica. La perspectiva de resolver problemas prácticos inaccesibles para los ordenadores clásicos motivó tanto a la investigación académica como a la industria a impulsar el desarrollo de los ordenadores cuánticos. Esto llevó a un aumento significativo de los esfuerzos para realizar ordenadores cuánticos prácticos, incluido el desarrollo de hardware, mecanismos de corrección de errores y otros algoritmos que explotan las ventajas únicas de los ordenadores cuánticos.

Los trabajos de Peter Shor sobre el algoritmo Shor marcan un punto de inflexión en la historia de la computación cuántica y ponen de relieve el potencial transformador de esta tecnología. Aunque todavía no existen ordenadores cuánticos prácticos capaces de ejecutar el algoritmo de Shor para grandes números, la mera posibilidad de tales cálculos ya ha tenido un profundo impacto en la dirección de la investigación criptográfica y las estrategias de seguridad de los datos. La contribución de Shor sigue siendo un brillante ejemplo de la conexión entre la informática teórica y la física y su impacto en la tecnología y la sociedad.

Lov Grover (1996)

Lov Grover, investigador de los Laboratorios Bell, hizo una importante contribución al desarrollo de la tecnología de computación cuántica al presentar en 1996 un algoritmo que hoy se conoce como algoritmo de Grover. Este algoritmo muestra cómo los ordenadores cuánticos pueden buscar en una base de datos sin ordenar de forma mucho más eficiente que los ordenadores clásicos. Mientras que un ordenador clásico tiene que buscar en la mitad de todas las entradas de la base de datos por término medio para encontrar el elemento deseado, el algoritmo de Grover sólo necesita alrededor de la raíz cuadrada del número de entradas para obtener el mismo resultado.

El algoritmo de Grover utiliza la mecánica cuántica, en particular el fenómeno de la superposición cuántica, para realizar una búsqueda paralela en todas las entradas de la base de datos simultáneamente. Mediante una inteligente secuencia de operaciones cuánticas conocida como amplificación de amplitud, el algoritmo aumenta sistemáticamente la probabilidad de encontrar el elemento buscado, al tiempo que disminuye las probabilidades de todos los demás elementos. Tras una serie de iteraciones del algoritmo, el elemento buscado se identifica con alta probabilidad cuando se realiza la medición del sistema cuántico.

El algoritmo de Grover es un excelente ejemplo del tipo de problema en el que los ordenadores cuánticos ofrecen una clara ventaja sobre los ordenadores clásicos. Es importante destacar que el algoritmo ofrece una ventaja de velocidad cuadrática, lo que significa que puede acelerar significativamente las búsquedas en grandes bases de datos. Esto contrasta con las ventajas de velocidad exponencial observadas con otros algoritmos cuánticos, como el algoritmo Shor. No obstante, la ventaja de velocidad es significativa en la práctica y demuestra el potencial de los ordenadores cuánticos para resolver ciertas clases de problemas de forma más eficiente.

Aunque el algoritmo de Grover se desarrolló específicamente para la tarea de búsqueda en bases de datos, su técnica fundamental -la amplificación de amplitud- ha encontrado aplicaciones más amplias en otros ámbitos, como el aprendizaje automático, los problemas de optimización y el desarrollo de nuevos algoritmos cuánticos. Los principios generales en los que se basa el trabajo de Grover han demostrado cómo el paralelismo y la interferencia cuánticos pueden utilizarse para lograr mejoras algorítmicas más allá de los planteamientos clásicos.

El algoritmo de Grover sigue siendo un elemento clave de la teoría de la computación cuántica y un brillante ejemplo de las posibilidades prácticas de esta tecnología emergente. Ilustra no sólo cómo puede utilizarse la mecánica cuántica para resolver problemas cotidianos, sino también cómo los ordenadores cuánticos son capaces de superar los límites del procesamiento clásico de la información. Aunque la plena realización de esta tecnología aún está en el futuro, la contribución de Grover proporciona una base sólida para comprender y seguir explorando el potencial de la computación cuántica.

Aunque los fundamentos teóricos de la computación cuántica están ya firmemente asentados, la investigación se enfrenta a retos considerables cuando se trata de su aplicación práctica. Entre ellos figuran la generación y mantenimiento de qubits en estados coherentes, el escalado de los sistemas cuánticos, la corrección de errores en un contexto cuántico y el desarrollo de algoritmos cuánticos eficientes.

Paralelamente, los avances teóricos en áreas como la corrección cuántica de errores y el desarrollo de nuevos algoritmos cuánticos han contribuido a superar los obstáculos prácticos y allanar el camino para la realización de ordenadores cuánticos funcionales.

La fase inicial de investigación y los fundamentos teóricos de la tecnología de computación cuántica reflejan un profundo cambio en nuestra comprensión de la computación y el procesamiento de la información. Aunque los conceptos y algoritmos iniciales demostraron el inmenso poder potencial de la computación cuántica, científicos de todo el mundo siguen superando retos técnicos y teóricos para llevar esta tecnología a su plena madurez. El viaje desde los principios fundamentales de la mecánica cuántica hasta los ordenadores cuánticos prácticos es un ejemplo fascinante de la transformación de conceptos científicos abstractos en tecnologías revolucionarias.

Desarrollo de los primeros algoritmos cuánticos

El desarrollo de los primeros algoritmos cuánticos marcó un punto de inflexión en la historia de la informática y la física al traducir el potencial teórico de los ordenadores cuánticos en ventajas computacionales prácticas. Estos algoritmos ilustran cómo los principios básicos de la mecánica cuántica -superposición, entrelazamiento e interferencia- pueden utilizarse para resolver problemas que están fuera del alcance de los ordenadores clásicos. He aquí un resumen de los primeros algoritmos cuánticos pioneros y su importancia:

Algoritmo de Deutsch (1985)

David Deutsch desarrolló el primer algoritmo cuántico, conocido como algoritmo de Deutsch, que resuelve un problema concreto: determinar si una función binaria dada es constante o equilibrada. Aunque este problema no tiene importancia práctica en sí mismo, el algoritmo demostró por primera vez la posibilidad de utilizar el paralelismo cuántico para el tratamiento de la información al resolver el problema con una sola operación, un proceso que habría requerido dos operaciones por medios clásicos.

Algoritmo German-Jozsa (1992)

Ampliado por Richard Jozsa, el algoritmo Deutsch-Jozsa extendió el problema original a funciones con múltiples entradas y se convirtió así en el primer ejemplo de algoritmo cuántico que muestra una ventaja exponencial sobre cualquier algoritmo clásico determinista posible. Demuestra de forma impresionante la superioridad de los ordenadores cuánticos para determinados tipos de problemas computacionales, aunque estos problemas sean principalmente de interés académico.

Algoritmo de Shor (1994)

El desarrollo por Peter Shor de un algoritmo cuántico para factorizar grandes números y hallar logaritmos discretos supuso la primera prueba fehaciente de las ventajas prácticas de la computación cuántica. El algoritmo de Shor puede factorizar números grandes exponencialmente más rápido que los algoritmos clásicos más conocidos, lo que tiene importantes implicaciones para la criptografía, especialmente para sistemas de cifrado como RSA, que se basan en la dificultad de factorizar números grandes.

Algoritmo de Grover (1996)

El algoritmo de Lov Grover para acelerar las búsquedas en una base de datos sin clasificar ofrecía una ventaja de velocidad cuadrática sobre los algoritmos de búsqueda clásicos. Este algoritmo demostró que los ordenadores cuánticos pueden ofrecer ventajas no sólo para problemas matemáticos especializados, sino también para problemas computacionales más generales.

Importancia de los primeros algoritmos cuánticos

Estos primeros algoritmos cuánticos desempeñaron un papel crucial en la formulación de la teoría y el potencial de la computación cuántica. Demostraron que los ordenadores cuánticos son capaces de superar a los clásicos en determinadas tareas computacionales y motivaron la investigación teórica y práctica en este campo emergente. Aunque muchos de estos primeros algoritmos resolvían problemas académicos, sentaron las bases para el desarrollo de otros algoritmos cuánticos con aplicaciones prácticas directas y fueron decisivos para aumentar el interés y la inversión en tecnología de computación cuántica.

Superioridad cuántica (2016)

Google anuncia que su procesador cuántico Sycamore ha resuelto una tarea computacional específica prácticamente irresoluble para los superordenadores clásicos, un hito a menudo denominado "supremacía cuántica". Más información al respecto más adelante.

Desarrollo de hardware cuántico

El desarrollo de hardware cuántico es un proceso en rápida evolución que abarca diversos enfoques y tecnologías. Los avances en este campo son cruciales para la realización de ordenadores cuánticos prácticos.

Qubits superconductores

Empresas como IBM, Google y Rigetti lideran el desarrollo de ordenadores cuánticos basados en circuitos superconductores. Esta tecnología se ha consolidado como uno de los enfoques más prometedores para la realización de ordenadores cuánticos utilizables en la práctica. La elección de circuitos superconductores para la generación de qubits aporta varias ventajas, sobre todo en términos de escalabilidad y avances en la corrección de errores.

Los qubits superconductores aprovechan las propiedades únicas de los materiales superconductores, capaces de conducir la corriente eléctrica sin resistencia. Aplicando radiación de microondas a estos circuitos, se pueden generar estados adecuados para realizar cálculos cuánticos. Estos qubits pueden fabricarse con relativa facilidad mediante procesos litográficos similares a los utilizados en la industria de los semiconductores, lo que facilita su integración en sistemas de mayor tamaño.

Una de las principales ventajas de los qubits superconductores es su relativa facilidad de escalado. Como la tecnología comparte métodos de fabricación compatibles con la actual industria de semiconductores, en teoría es más fácil desarrollar sistemas con un mayor número de qubits. IBM, Google y Rigetti ya han presentado demostraciones de procesadores cuánticos con docenas de qubits, lo que subraya la viabilidad de este enfoque.

Otro campo crucial en el que se han logrado avances significativos es el de la corrección de errores. Aunque los qubits superconductores son sensibles a perturbaciones externas que pueden provocar errores, la aplicación de códigos cuánticos de corrección de errores puede detectar y corregir estos errores. Empresas como Google han avanzado mucho en el desarrollo y la aplicación de estos métodos de corrección de errores, esenciales para la realización de cálculos cuánticos fiables.

A pesar de los avances, sigue habiendo retos, sobre todo en cuanto a la susceptibilidad a los errores y la necesidad de temperaturas de funcionamiento extremadamente frías para mantener la superconductividad. Estos requisitos aumentan la complejidad y el coste de los sistemas de computación cuántica.

Iones atrapados

El desarrollo de ordenadores cuánticos basados en la tecnología de iones atrapados es un prometedor campo de investigación.

Empresas emergentes como IonQ y numerosos grupos de investigación académica de todo el mundo se dedican a este enfoque, que se caracteriza por largos tiempos de coherencia y alta fidelidad de las operaciones cuánticas. Estas propiedades hacen que los ordenadores cuánticos de trampa iónica resulten especialmente atractivos para diversas aplicaciones que requieren un procesamiento de la información cuántica preciso y fiable.

Los iones atrapados constituyen una base excelente para la realización de ordenadores cuánticos gracias a sus estados cuánticos estables y a la capacidad de mantenerlos durante largos periodos de tiempo. La alta fidelidad de las operaciones cuánticas realizadas entre los iones favorece la ejecución de cálculos complejos con errores mínimos, lo que resulta crucial para la fiabilidad de los resultados. Además, la tecnología permite una flexibilidad y reconfigurabilidad únicas de las matrices de qubits, lo que se consigue controlando con precisión las trampas electromagnéticas en las que se mantienen los iones.

A pesar de estas prometedoras propiedades, los desarrolladores de ordenadores cuánticos de trampa iónica se enfrentan a importantes retos técnicos. La complejidad de atrapar y manipular iones individuales requiere técnicas y equipos sofisticados, lo que complica el desarrollo y mantenimiento de estos sistemas. Además, el escalado de esta tecnología, aunque teóricamente factible, está plagado de dificultades en la práctica. Garantizar la integración e interacción efectivas de un gran número de qubits en un único sistema coherente sigue siendo una de las principales tareas de los investigadores en este campo.

Sin embargo, los esfuerzos en curso para resolver estos retos apuntan al gran potencial de los ordenadores cuánticos de trampa iónica. El trabajo de empresas como IonQ y grupos de investigación de todo el mundo muestra avances significativos hacia ordenadores cuánticos prácticos. En un futuro próximo, éstos podrían suponer una revolución en campos como la ciencia de materiales, la optimización y la criptografía, al aportar soluciones a problemas inaccesibles para los ordenadores clásicos. Por tanto, el desarrollo en este campo sigue siendo apasionante y ofrece la perspectiva de avances tecnológicos revolucionarios.

Puntos cuánticos

Los puntos cuánticos, que se utilizan en la tecnología de los ordenadores cuánticos, representan un planteamiento innovador y prometedor para la realización de ordenadores cuánticos. Gracias a sus propiedades físicas únicas, estas partículas semiconductoras de tamaño nanoscópico ofrecen la posibilidad de representar bits cuánticos o qubits. El tamaño y la forma de un punto cuántico determinan sus propiedades electrónicas, incluidos los niveles de energía de sus electrones, lo que los hace especialmente atractivos para su uso en el procesamiento cuántico de la información.

Una ventaja clave de los puntos cuánticos es su compatibilidad potencial con los procesos de fabricación de semiconductores existentes. Dado que pueden fabricarse con materiales ya utilizados en la industria de semiconductores, se abre la posibilidad de producir ordenadores cuánticos utilizando técnicas de micro y nanofabricación ya establecidas. Esta compatibilidad promete no sólo una buena escalabilidad, ya que pueden integrarse muchos qubits en un solo chip, sino también una reducción de los costes de producción, lo que podría ser decisivo para el desarrollo comercial de las tecnologías de ordenadores cuánticos.

A pesar de estas prometedoras perspectivas, los investigadores e ingenieros que trabajan en el desarrollo de ordenadores cuánticos basados en puntos cuánticos se enfrentan a retos considerables. Uno de los mayores es el control preciso de las propiedades de los puntos cuánticos. La producción de puntos cuánticos con tamaños, formas y composiciones definidos con precisión es crucial para conseguir los estados y propiedades cuánticos deseados. Cualquier irregularidad puede provocar un comportamiento impredecible de los qubits y aumentar la susceptibilidad del sistema a los errores.

Otro problema crítico es mantener la coherencia de los qubits. En un entorno inherentemente susceptible a las interferencias, los puntos cuánticos deben protegerse de influencias externas como las fluctuaciones térmicas y la radiación electromagnética, que podrían perturbar los estados cuánticos sensibles y acortar los tiempos de coherencia. El desarrollo de técnicas para aislar y proteger los puntos cuánticos de tales interferencias es, por tanto, crucial para la realización de ordenadores cuánticos prácticos.

La investigación sobre puntos cuánticos para la tecnología de computación cuántica se encuentra aún en una fase relativamente temprana, pero los avances en este campo podrían sentar las bases de una nueva generación de ordenadores cuánticos potentes y escalables. Los esfuerzos continuados en ciencia de materiales, nanotecnología y física cuántica son cruciales para superar los retos y aprovechar todo el potencial de los puntos cuánticos.

Fotones

El uso de fotones para representar qubits en el procesamiento cuántico de la información, especialmente en comunicación y criptografía cuánticas, ofrece ventajas únicas.

Los fotones, componentes básicos de la luz, son idóneos para la transmisión de información cuántica a larga distancia. Una de sus principales ventajas es su capacidad para ser transportados a temperatura ambiente y a grandes distancias sin sufrir una decoherencia significativa. Esta propiedad convierte a los fotones en candidatos ideales para la realización de redes de comunicación cuántica seguras y para el desarrollo de tecnologías como el internet cuántico.

Otra ventaja clave de los qubits fotónicos es su inmunidad a muchos tipos de interferencias ambientales que suelen afectar a los sistemas electrónicos. Los fotones no son susceptibles a interferencias electromagnéticas como los qubits electrónicos, lo que los hace especialmente útiles para aplicaciones de criptografía cuántica. Por ejemplo, protocolos como el BB84 para el intercambio de claves cuánticas utilizan las propiedades cuánticas únicas de los fotones para permitir una comunicación teóricamente segura. Cualquier intento de escucha perturbaría inevitablemente los estados cuánticos de los fotones, haciéndolos detectables.

A pesar de estas prometedoras propiedades, el desarrollo de ordenadores y sistemas de comunicación cuánticos fotónicos se enfrenta a un gran reto: conseguir la interacción efectiva de los fotones entre sí. A diferencia de los qubits basados en la materia, que pueden interactuar entre sí con relativa facilidad, los fotones tienden a cruzarse sin interacción. Sin embargo, para realizar cálculos cuánticos, es necesario que los qubits interactúen entre sí de forma controlada para implementar puertas cuánticas. Conseguir interacciones fuertes entre fotones requiere el uso de técnicas y materiales especiales, como medios ópticos no lineales o el uso de puntos cuánticos y otros nanomateriales como mediadores.

La investigación en este campo se centra en el desarrollo de métodos innovadores para superar este reto. Enfoques como el uso de pares de fotones enredados, el desarrollo de cristales fotónicos para controlar la propagación de la luz y el uso de sistemas de electrodinámica cuántica (QED) de cavidad son sólo algunas de las estrategias que se están explorando para permitir interacciones fotón-fotón eficaces. Los avances en fotónica y óptica cuántica son cruciales para la realización de estas tecnologías y podrían allanar el camino para el desarrollo de redes de comunicación cuántica altamente seguras y potentes ordenadores cuánticos basados en el uso de fotones.

Centros NV en diamantes

Las vacantes de nitrógeno (centros NV) en los diamantes representan una dirección en la tecnología de computación cuántica que tiene el potencial de realizar sistemas cuánticos robustos y prácticos. Los centros NV se forman cuando dos átomos de carbono vecinos en la estructura del diamante se sustituyen por un átomo de nitrógeno y una vacante (un átomo de carbono que falta). Estos defectos tienen propiedades electrónicas únicas que los hacen especialmente adecuados para el procesamiento cuántico de la información.

Una de las ventajas más notables de los centros NV es su capacidad para funcionar a temperatura ambiente. A diferencia de muchos otros sistemas de qubits que requieren temperaturas extremadamente bajas para un funcionamiento estable, los centros NV pueden funcionar en un rango de temperaturas mucho más amplio. Esto simplifica enormemente los requisitos técnicos de los sistemas de computación cuántica y los hace potencialmente más accesibles y prácticos para una amplia gama de aplicaciones.

Además, los centros NV ofrecen tiempos de coherencia relativamente largos. El tiempo de coherencia de un qubit es una medida del tiempo que puede mantener su estado cuántico antes de ser perturbado por influencias ambientales. Los tiempos de coherencia más largos son cruciales para realizar cálculos cuánticos complejos, ya que dan a los investigadores más tiempo para realizar operaciones cuánticas antes de que se produzca la decoherencia.

A pesar de estas ventajas, los investigadores se enfrentan a retos considerables cuando trabajan con centros NV. Una de las mayores dificultades radica en la manipulación y el control precisos de los centros NV. El control preciso de los estados cuánticos de estos defectos requiere sofisticadas técnicas ópticas y magnéticas que aún deben desarrollarse y perfeccionarse para permitir un procesamiento de la información cuántica fiable y eficiente.

Otro reto importante es la integración de centros NV a gran escala. Mientras que los centros NV individuales pueden actuar como qubits, un ordenador cuántico práctico requiere un control preciso sobre una gran red de qubits que puedan interactuar entre sí. El desarrollo de técnicas para escalar y conectar en red los centros NV sin comprometer sus propiedades de coherencia es un área activa de investigación.

La investigación y el desarrollo en el campo de los centros NV en diamantes son prometedores y podrían dar lugar a ordenadores cuánticos robustos, funcionales a temperatura ambiente y relativamente fáciles de manejar. Los avances en la ciencia de los materiales, la nanotecnología y la física cuántica desempeñan un papel crucial para superar los retos actuales. La resolución de estos problemas podría allanar el camino a nuevas plataformas de computación cuántica que pueden utilizarse para una amplia gama de aplicaciones, desde la simulación cuántica a la criptografía cuántica y la tecnología de sensores.

Qubits topológicos

Los qubits topológicos representan un enfoque especialmente interesante y avanzado en la tecnología de la computación cuántica. Su desarrollo se basa en el concepto de materia cuántica topológica y utiliza la teoría matemática de la topología para crear una nueva forma de qubit intrínsecamente protegido contra muchos tipos de perturbaciones y errores. Esta propiedad hace que los qubits topológicos sean especialmente prometedores para crear ordenadores cuánticos robustos y escalables, menos susceptibles a la decoherencia y a los errores que afectan a la fiabilidad y eficiencia de los sistemas cuánticos convencionales.

En el corazón de los qubits topológicos se encuentra el uso de cuasipartículas conocidas como aniones, que pueden darse en ciertos materiales bidimensionales en condiciones específicas. Los aniones tienen la notable propiedad de que su intercambio (es decir, el movimiento de un anión alrededor de otro) cambia el estado del sistema de una forma que sólo depende de la clase topológica del camino de intercambio, no de los detalles precisos del camino. Estas operaciones de intercambio, conocidas como "trenzado", cambian el estado del sistema de forma predecible y robusta, lo que puede utilizarse para realizar cálculos cuánticos.

La mayor ventaja de los qubits topológicos reside en su tolerancia teórica a los fallos. Como la información se almacena en las propiedades topológicas globales del sistema, es menos probable que las perturbaciones locales que suelen provocar errores en los ordenadores cuánticos afecten a estos estados. Esto reduce significativamente la necesidad de complejos códigos de corrección de errores que se requieren en otros sistemas de computación cuántica.

Sin embargo, la realización de qubits topológicos se enfrenta a considerables retos científicos y técnicos. La existencia de los aniones necesarios para los qubits topológicos debe demostrarse en sistemas prácticos y hacerse controlable. Actualmente, los materiales que podrían albergar los llamados fermiones de Majorana -una clase de aniones especialmente adecuados para la generación de qubits topológicos- son objeto de intensa investigación. Además, la manipulación y lectura de estados codificados en las propiedades topológicas de los materiales requiere técnicas y enfoques innovadores.

A pesar de estos retos, el enfoque topológico ofrece una perspectiva para el futuro de la tecnología de computación cuántica, con el potencial de crear ordenadores cuánticos más potentes y fiables que nunca. El desarrollo de qubits topológicos podría suponer una revolución en el procesamiento cuántico de la información, con aplicaciones de gran alcance en criptografía, ciencia de los materiales y otros campos. La investigación en este campo es puntera y combina conceptos de la física cuántica, la ciencia de los materiales, las matemáticas y la informática, abriendo la posibilidad de redefinir los límites de lo que es posible con los ordenadores.

Selección de tecnología

La elección de la tecnología para el desarrollo de qubits y, por tanto, de ordenadores cuánticos, es una decisión que se basa en los requisitos de las tareas de computación cuántica previstas, así como en las capacidades físicas y técnicas de los distintos sistemas de qubits. Cada tecnología de qubits aporta sus propias ventajas, retos y ámbitos de aplicación potenciales, que van desde propiedades básicas como los tiempos de coherencia, la velocidad de funcionamiento y la escalabilidad hasta la compatibilidad con la infraestructura tecnológica existente.

Los qubits superconductores y los iones atrapados son dos de las tecnologías más avanzadas en computación cuántica. Los qubits superconductores se integran con relativa facilidad en los actuales procesos de fabricación de semiconductores y ya están dando resultados impresionantes en prototipos de ordenadores cuánticos desarrollados por importantes empresas tecnológicas y organismos de investigación. Sus tiempos de coherencia y velocidades de funcionamiento son prometedores para muchas aplicaciones, aunque su ampliación más allá de cientos o miles de qubits sigue planteando problemas.

Los iones atrapados, con sus largos tiempos de coherencia y sus elevadas precisiones operativas, representan otro enfoque prometedor. Han demostrado ser extremadamente precisos en la realización de operaciones cuánticas y ofrecen la posibilidad de desarrollar ordenadores cuánticos estables. Los principales retos a los que se enfrentan son el escalado y la integración en un sistema informático cuántico práctico que funcione de forma eficiente y fiable.

Los puntos cuánticos y los qubits fotónicos se encuentran en una fase de desarrollo más temprana que los qubits superconductores y los iones atrapados. Los puntos cuánticos ofrecen una perspectiva apasionante por su compatibilidad potencial con los procesos semiconductores existentes y su posible funcionamiento a temperatura ambiente. Los retos residen en el control preciso de los estados cuánticos y su integración en sistemas más amplios. Los qubits fotónicos, especialmente prometedores para la comunicación y la criptografía cuánticas, se enfrentan al reto de encontrar métodos eficaces para la interacción entre fotones, necesaria para realizar cálculos cuánticos complejos.

Comunicación y criptografía cuánticas

La comunicación y la criptografía cuánticas son aplicaciones de la mecánica cuántica que pueden cambiar radicalmente la forma en que se transmite la información de manera segura. La distribución cuántica de claves, en particular, es un campo en el que ya se han logrado avances significativos que han conducido al desarrollo de los primeros sistemas comerciales. Estos sistemas utilizan principios fundamentales de la mecánica cuántica para hacer posible una comunicación teóricamente segura.

Cifrado cuántico

El desarrollo de los primeros sistemas comerciales de distribución cuántica de claves (QKD) marca un hito importante en el camino hacia una comunicación teóricamente segura.

Los sistemas QKD utilizan los principios únicos de la mecánica cuántica, en particular el entrelazamiento cuántico y la indeterminación, para permitir la transmisión segura de claves de cifrado entre dos partes. En el núcleo de esta tecnología se encuentra la propiedad de que cualquier observación o medición de un sistema cuántico cambia inevitablemente su estado. Esto significa que cualquier intento de interceptar la información cuántica utilizada para el intercambio de claves es reconocido por los interlocutores de la comunicación.

A diferencia de los métodos criptográficos tradicionales, cuya seguridad se basa en la dificultad computacional de resolver determinados problemas matemáticos (como la factorización de grandes números), la seguridad de la QKD se basa en las leyes fundamentales de la física cuántica. Esto proporciona una forma de seguridad que se considera a prueba de futuro, ya que no puede verse comprometida por los avances tecnológicos.

Los primeros sistemas comerciales QKD ofrecen aplicaciones prometedoras para diversos sectores que requieren canales de comunicación seguros. Entre ellos figuran el sector financiero, las organizaciones gubernamentales de seguridad y los operadores de infraestructuras críticas. Al garantizar una distribución segura de las claves, los sistemas QKD pueden ayudar a proteger la confidencialidad e integridad de la información sensible.

A pesar del impresionante potencial de la QKD, la tecnología y su aplicación se enfrentan a retos. Entre ellos, la necesidad de aumentar el alcance y la eficacia de los sistemas y de reducir el coste de su implantación. Sin embargo, los avances en la tecnología de comunicación cuántica, incluido el desarrollo de sistemas QKD basados en satélites y la integración de QKD en las redes ópticas existentes, sugieren que estos retos pueden superarse cada vez más.

La investigación y el desarrollo en curso en el campo de la comunicación cuántica prometen mejorar aún más las capacidades y la disponibilidad de los sistemas QKD. Con la actual miniaturización de la tecnología y su integración en las infraestructuras de comunicación existentes, los sistemas QKD podrían desempeñar un papel cada vez más importante a la hora de garantizar la seguridad de las comunicaciones globales. Por tanto, el futuro de la comunicación y la criptografía cuánticas parece prometedor, con el potencial de marcar el comienzo de una nueva era de seguridad de las comunicaciones basada en los principios inmutables de la mecánica cuántica.

Internet cuántico

El desarrollo de una Internet cuántica representa uno de los avances más fascinantes y a la vez más desafiantes de la moderna tecnología de las comunicaciones.

Este ambicioso objetivo se basa en los principios de la mecánica cuántica, en particular el fenómeno del entrelazamiento cuántico ya descrito, que sienta las bases de una revolucionaria forma de transmitir información.

Una internet cuántica utiliza el entrelazamiento cuántico para transmitir información entre dos puntos a través de los llamados bits cuánticos o qubits sin que la información tenga que viajar físicamente entre los dos puntos. Esto no solo amplía el ancho de banda de la transmisión de información, sino que también aumenta la seguridad, ya que cualquier forma de escucha perturbaría los estados cuánticos y los haría inmediatamente reconocibles.

Sin embargo, la realización de una red cuántica de este tipo requiere avances revolucionarios en tecnología cuántica. Iniciativas de investigación de todo el mundo, incluidos proyectos gubernamentales, instituciones académicas y empresas privadas, están invirtiendo importantes recursos en superar los retos técnicos. Entre ellos figuran el desarrollo de los repetidores cuánticos necesarios para salvar grandes distancias, la generación y manipulación fiables de estados enredados y la integración con las infraestructuras de telecomunicaciones existentes.

Una aplicación clave de la Internet cuántica es la creación de redes de comunicación teóricamente seguras contra cualquier forma de ciberataque. Mediante la encriptación cuántica, una aplicación directa del entrelazamiento cuántico, los mensajes podrían transmitirse de forma que sólo pudieran ser leídos por el destinatario en su estado original. Cualquier intento de interceptar la información transmitida cambiaría los estados cuánticos y revelaría así la presencia del fisgón.

Aunque la visión de una Internet cuántica plenamente realizada está aún muy lejos, los proyectos de investigación y desarrollo en curso marcan pasos significativos hacia este objetivo. La implantación de un sistema de este tipo podría cambiar radicalmente nuestra concepción de la transmisión de datos y la seguridad, dando paso a una nueva era de la comunicación basada en los principios fundamentales de la mecánica cuántica. Los avances en este campo se observan con gran expectación, ya que pueden revolucionar el panorama de las comunicaciones y la seguridad mundiales.

La Internet cuántica promete llevar la tecnología de la comunicación mucho más allá de los límites de la transmisión convencional de datos. Se basa en los principios de la mecánica cuántica, en particular el entrelazamiento cuántico, que permite compartir información entre interlocutores a cualquier distancia sin que esta información tenga que utilizar una vía de transmisión convencional. Este concepto revolucionario ofrece numerosas aplicaciones y ventajas que podrían mejorar considerablemente tanto la seguridad como la eficacia de la transmisión de datos.

Ámbitos de aplicación

- Criptografía cuántica y comunicación segura: Probablemente la aplicación más inmediata y obvia de una internet cuántica sea la criptografía cuántica, en particular el protocolo de distribución cuántica de claves (QKD). QKD permite a dos partes compartir una clave de comunicación segura que es inmune a los intentos de escucha. La seguridad se basa en las leyes de la mecánica cuántica, según las cuales la medición de un estado cuántico cambia dicho estado. Por tanto, un intruso no puede pasar desapercibido.

- Computación en nube segura: en un mundo en el que los servicios en nube son cada vez más importantes, una internet cuántica podría mejorar notablemente la seguridad de estos servicios. Los datos podrían almacenarse y transmitirse en estados cuánticos, protegiéndolos de piratas y accesos no autorizados.
- Redes de computación cuántica distribuida: los ordenadores cuánticos prometen resolver problemas prácticamente irresolubles para los ordenadores clásicos. Una internet cuántica podría conectar ordenadores cuánticos a grandes distancias, mejorando su capacidad y eficiencia de cálculo mediante la computación distribuida.
- Mejores sensores y telescopios: el entrelazamiento cuántico también puede utilizarse para aumentar la sensibilidad de sensores y telescopios. Una internet cuántica podría facilitar la coordinación de tales dispositivos a larga distancia, lo que podría conducir a una mejor comprensión del universo en astronomía, por ejemplo.

Ventajas

- Seguridad inquebrantable: la principal ventaja de una internet cuántica reside en su seguridad. La transmisión de información sobre estados y entrelazamientos cuánticos es, en principio, segura frente a cualquier acceso no autorizado, ya

que cualquier medición o perturbación del estado sería inmediatamente detectable.
- Alta eficiencia: la comunicación cuántica podría ser más eficiente que los métodos de comunicación tradicionales, ya que es capaz de transmitir y procesar múltiples estados simultáneamente. Esto podría suponer un aumento significativo de las capacidades de transmisión.
- Alcance global: Otra ventaja significativa es la capacidad de transmitir información a cualquier distancia de forma casi instantánea. Esto contrasta con los métodos de comunicación convencionales, en los que la velocidad de transmisión está limitada por la distancia y el medio de transmisión.
- Avance de la investigación científica: una internet cuántica también haría avanzar la investigación científica al abrir nuevas posibilidades de experimentación en física cuántica y disciplinas afines. Podría ayudar a responder algunas de las preguntas fundamentales de la física y conducir al desarrollo de nuevas tecnologías.

En general, la Internet cuántica es una tecnología revolucionaria que puede cambiar radicalmente nuestra forma de concebir la comunicación, la seguridad y el procesamiento de datos. Aunque su aplicación práctica sigue planteando algunos retos, investigadores de todo el mundo trabajan ya para hacer realidad la visión de una internet cuántica global, segura y eficiente.

Sistemas cuánticos escalables

El desarrollo de sistemas cuánticos escalables es una de las áreas centrales de investigación en computación cuántica. Estos sistemas deben ser capaces de manipular y controlar eficazmente un gran número de qubits para realizar cálculos complejos que van mucho más allá de las capacidades de los ordenadores clásicos.

Dos aspectos cruciales en este camino son los avances en la corrección de errores y en la arquitectura de sistemas de los ordenadores cuánticos. Estos avances son esenciales para realizar ordenadores cuánticos a gran escala y tolerantes a fallos.

Progresos en la corrección de errores

Los ordenadores cuánticos son susceptibles de errores causados por la decoherencia y el ruido cuántico, que se debe a la interacción de los qubits con su entorno. Como la información se almacena en estados cuánticos, incluso las influencias externas más leves pueden perturbar estos estados y distorsionar la información almacenada. Los avances en la corrección de errores son, por tanto, cruciales para poder realizar cálculos fiables con ordenadores cuánticos.

Los códigos cuánticos de corrección de errores son complejos y suelen requerir el uso de múltiples qubits físicos para que un único qubit lógico sea tolerante a fallos. Estos códigos permiten al sistema detectar y corregir errores sin medir ni alterar la propia información cuántica.

El desarrollo de mecanismos eficientes de corrección de errores es uno de los mayores retos en el camino hacia sistemas cuánticos escalables, ya que implica un número significativo de qubits adicionales y una mayor complejidad del sistema.

Mejoras en la arquitectura del sistema

La arquitectura de un ordenador cuántico desempeña un papel decisivo en su escalabilidad y rendimiento. A diferencia de los ordenadores clásicos, cuya arquitectura está relativamente estandarizada, existe una gran variedad de enfoques para los ordenadores cuánticos, incluidos los sistemas basados en qubits superconductores, trampas de iones, qubits topológicos y fotones.

Cada una de estas tecnologías tiene sus propias ventajas e inconvenientes en términos de susceptibilidad a los errores, tiempos de coherencia, escalabilidad y controlabilidad. La selección y optimización de la arquitectura del sistema depende de la aplicación para la que se desarrolle el ordenador cuántico. Los avances en la ciencia de los materiales, la nanotecnología y la tecnología óptica están contribuyendo al desarrollo de arquitecturas capaces de controlar y enlazar de forma fiable un mayor número de qubits.

La integración de códigos de corrección de errores en la arquitectura del sistema es otro paso importante. Esto exige una estrecha colaboración entre los campos del hardware cuántico y el desarrollo algorítmico para garantizar que los sistemas no sólo sean grandes y potentes, sino también prácticos de utilizar.

Outlook

La realización de ordenadores cuánticos a gran escala y tolerantes a fallos representaría un salto cuántico en el procesamiento de la información. Estos sistemas podrían resolver tareas en los campos de la ciencia de materiales, el desarrollo de fármacos, los problemas de optimización y la criptografía de una forma inalcanzable para los sistemas clásicos. A pesar de los enormes retos técnicos que aún hay que superar, los continuos avances en la corrección de errores y la arquitectura de sistemas hacen cada vez más probable la futura realización de estos ordenadores cuánticos. La investigación y el desarrollo en estas áreas son cruciales para ampliar los límites de lo que es posible con la tecnología informática y aprovechar plenamente el enorme potencial de la computación cuántica.

Algoritmos cuánticos para aplicaciones prácticas

La investigación y el desarrollo de algoritmos cuánticos que ofrezcan ventajas específicas sobre los algoritmos clásicos es un campo prometedor dentro de la informática cuántica. Estos algoritmos están diseñados para explotar las propiedades únicas de los ordenadores cuánticos con el fin de resolver de forma más eficiente problemas en diversos campos como la ciencia de los materiales, los problemas de optimización y el aprendizaje automático.

Ciencia de los materiales

En la ciencia de los materiales, los algoritmos cuánticos podrían utilizarse para simular y analizar las propiedades de moléculas y materiales complejos a nivel cuántico. Estas simulaciones son extremadamente intensivas o incluso imposibles de realizar para los ordenadores clásicos, ya que el número de estados posibles en un sistema cuántico crece exponencialmente con el número de partículas. Sin embargo, los ordenadores cuánticos pueden utilizar la superposición de estados para simular estos sistemas de forma directa y eficiente. Esto podría allanar el camino para el descubrimiento de nuevos materiales, el desarrollo de baterías de alto rendimiento, células solares mejoradas y nuevos fármacos.

Problemas de optimización

Los problemas de optimización son omnipresentes en muchos ámbitos de la industria y la ciencia, desde la logística y la ingeniería hasta las finanzas. Los ordenadores cuánticos ofrecen la posibilidad de encontrar más rápidamente soluciones a estos problemas explorando simultáneamente una amplia gama de posibles soluciones e identificando rápidamente las soluciones óptimas o casi óptimas gracias a la interferencia cuántica. Por ejemplo, los algoritmos cuánticos podrían ayudar a aumentar la eficiencia de las cadenas de suministro, reducir los costes de fabricación o resolver complejos problemas de redes.

Aprendizaje automático

En el campo del aprendizaje automático, los algoritmos cuánticos podrían ayudar a mejorar la velocidad y la eficiencia de los algoritmos de aprendizaje. Los ordenadores cuánticos podrían utilizarse, por ejemplo, en el reconocimiento de patrones, la optimización de modelos de aprendizaje automático o la aceleración de procesos intensivos en datos como el entrenamiento de redes neuronales profundas. Gracias a su capacidad para procesar grandes cantidades de datos simultáneamente y realizar cálculos complejos, los ordenadores cuánticos podrían revolucionar nuestra forma de utilizar el aprendizaje automático y la inteligencia artificial.

Sin embargo, el desarrollo de estos algoritmos se enfrenta a retos considerables. Entre ellos, la necesidad de adaptar los algoritmos a las capacidades y recursos aún limitados de los ordenadores cuánticos actuales, así como el desarrollo de nuevos marcos teóricos y técnicas de programación cuántica. A pesar de estos retos, el potencial de los algoritmos cuánticos es enorme y la investigación en este campo se está llevando a cabo intensamente en todo el mundo. Los avances en este campo no sólo podrían dar lugar a importantes avances científicos y tecnológicos, sino también a modelos de negocio e industrias totalmente nuevos.

En general, puede que estemos en la cúspide de una nueva era de la tecnología informática en la que los ordenadores cuánticos y sus algoritmos personalizados permitirán resolver problemas del mundo real de formas antes inimaginables. La investigación en los próximos años será crucial para liberar todo el potencial de esta tecnología y desarrollar aplicaciones prácticas para la sociedad.

Demostración de superioridad cuántica

La demostración de la supremacía cuántica es un hito importante en el desarrollo de la tecnología de computación cuántica. La superioridad cuántica se refiere al punto en el que un ordenador cuántico puede resolver una tarea específica con mayor rapidez o eficiencia que el superordenador clásico más potente disponible. Este concepto no sólo es un importante indicador del progreso práctico de la tecnología de computación cuántica, sino también una prueba del potencial teórico de los ordenadores cuánticos para resolver problemas inaccesibles para los ordenadores clásicos.

Procesador Sycamore de Google

En 2019, Google anunció un gran avance en la tecnología de computación cuántica con su procesador Sycamore de 54 qubits.

Google afirmó haber alcanzado la supremacía cuántica al realizar en unos 200 segundos una tarea computacional específica que al superordenador tradicional más potente del mundo, el IBM Summit, le llevaría unos 10.000 años. Aunque la tarea resuelta por el procesador Sycamore sólo tenía interés académico y carecía de aplicación práctica, demostraba claramente la capacidad de los ordenadores cuánticos para realizar cálculos que están fuera del alcance de los ordenadores clásicos.

El anuncio de Google marcó un momento histórico para la comunidad de la computación cuántica y el mundo científico en general, pero también suscitó un debate sobre la definición y el significado de la supremacía cuántica. Algunos expertos y empresas, entre ellas IBM, señalaron que la tarea específica que Google había elegido para su prueba no tenía un uso práctico directo y que los métodos para estimar el tiempo que tardarían los ordenadores clásicos en completar la tarea no estaban claros.

Independientemente de los debates, la demostración de superioridad cuántica de Google tiene un significado simbólico: demuestra que los ordenadores cuánticos tienen potencial para ir mucho más allá de los límites del procesamiento clásico de la información. Este éxito ha aumentado el interés y la inversión en tecnología de computación cuántica en todo el mundo, lo que ha dado lugar a una aceleración de las actividades de investigación y desarrollo tanto en el mundo académico como en la industria.

Lograr la supremacía cuántica es sólo un primer paso en el largo camino hacia el desarrollo de ordenadores cuánticos plenamente funcionales y prácticos. Los retos que tenemos por delante incluyen el escalado de los sistemas cuánticos, la mejora de la tolerancia a fallos y el desarrollo de algoritmos que puedan resolver problemas del mundo real. A pesar de estos retos, la demostración de la superioridad cuántica ha fortalecido el campo y reafirmado que la computación cuántica es una tecnología de futuro viable y prometedora.

Los avances en la tecnología de la computación cuántica y la creciente demostración de aplicaciones prácticas indican que los ordenadores cuánticos podrían desempeñar un papel cada vez más importante en diversos campos en los próximos años, desde la ciencia de los materiales y la farmacia hasta la optimización de sistemas complejos.

Ámbitos de aplicación de los ordenadores cuánticos

Ciencia de los materiales

La ciencia de los materiales es uno de los campos de aplicación más prometedores de la computación cuántica. Este campo, que se ocupa del descubrimiento y desarrollo de nuevos materiales, podría beneficiarse significativamente de las capacidades únicas de la tecnología de computación cuántica. La complejidad de la materia a nivel atómico y molecular implica cálculos que consumen mucho tiempo o son sencillamente imposibles para los ordenadores clásicos. Aquí es donde los ordenadores cuánticos ofrecen una ventaja decisiva.

Uno de los problemas fundamentales de la ciencia de materiales es la simulación de sistemas cuánticos. Los ordenadores clásicos alcanzan sus límites cuando se trata de modelizar con exactitud sistemas que contienen más de unas decenas de partículas cuánticas (electrones y núcleos atómicos). Los ordenadores cuánticos, en cambio, pueden superar estas limitaciones, ya que son capaces de simular directamente los estados de la mecánica cuántica. Gracias a la superposición y el entrelazamiento cuánticos, los ordenadores cuánticos pueden modelizar moléculas y materiales complejos de forma mucho más fiel a la naturaleza.

La capacidad de simular con precisión materiales a nivel cuántico puede revolucionar el desarrollo de nuevos materiales. Los científicos podrían predecir las propiedades de los materiales sin tener que realizar costosos experimentos físicos que requieren mucho tiempo. Esto podría acelerar el descubrimiento de nuevos materiales de alto rendimiento para la electrónica, la generación y el almacenamiento de energía, así como para productos farmacéuticos. Por ejemplo, la búsqueda de materiales de alta conductividad para superconductores o células solares más eficientes podría simplificarse notablemente.

Desarrollo de nuevos fármacos

La aplicación de los ordenadores cuánticos a la farmacia y el desarrollo de fármacos es un ejemplo del potencial transformador que esta tecnología tiene en la investigación biomédica y más allá.

La capacidad de los ordenadores cuánticos para simular las interacciones entre moléculas a un nivel mecánico cuántico fundamental abre horizontes completamente nuevos en el descubrimiento y desarrollo de fármacos. Este enfoque podría cambiar radicalmente los métodos tradicionales, que a menudo son lentos, costosos y están sujetos a una elevada tasa de error.

En la actualidad, el desarrollo de nuevos fármacos es un proceso largo y costoso que a menudo puede durar más de una década desde el descubrimiento hasta el lanzamiento al mercado y puede costar miles de millones. Una parte importante de este tiempo y recursos se dedica a identificar y optimizar compuestos que puedan influir eficazmente en estructuras diana específicas del cuerpo humano. Los ordenadores cuánticos podrían acelerar este proceso al permitir analizar rápidamente un enorme número de posibles moléculas farmacológicas y calcular con precisión sus interacciones con las dianas biológicas. Esto no sólo reduciría el tiempo y el coste del descubrimiento de fármacos, sino que también aumentaría la tasa de éxito en las primeras fases del desarrollo de medicamentos.

Otra ventaja significativa de la tecnología de computación cuántica es la capacidad de comprender con más detalle la dinámica de las moléculas y la complejidad de los sistemas biológicos. Simulando las propiedades mecánicas cuánticas de las moléculas, los científicos pueden predecir mejor cómo funcionará un fármaco en el organismo, incluida su eficacia y sus posibles efectos secundarios. Esto podría facilitar el desarrollo de fármacos más seguros y eficaces al ayudar a descartar candidatos con propiedades indeseables en una fase temprana.

Los elevados costes del desarrollo de fármacos se deben en parte a los bajos índices de éxito en las fases clínicas. Al predecir con mayor exactitud la eficacia y seguridad de los fármacos candidatos, la computación cuántica podría contribuir a mejorar estos índices de éxito y reducir así el coste medio y el riesgo del desarrollo de nuevos medicamentos. A largo plazo, esto podría dar lugar a una cartera de medicamentos más diversificada y facilitar el acceso de los pacientes de todo el mundo a nuevas terapias.

El potencial de los ordenadores cuánticos en farmacia y desarrollo de fármacos es enorme, pero su plena realización está aún por llegar. Los ordenadores cuánticos actuales aún se encuentran en una fase temprana de desarrollo y se necesitan más avances en tecnología cuántica, algoritmos y biología molecular para hacer realidad este potencial. No obstante, las empresas farmacéuticas y los institutos de investigación están mostrando un gran interés por la tecnología de computación cuántica, y los primeros éxitos en la simulación de moléculas sencillas señalan el camino hacia un cambio revolucionario en el descubrimiento y desarrollo de nuevos fármacos. Los próximos años podrían traer avances decisivos que mejorarán de forma sostenible la eficacia, seguridad y rentabilidad de la investigación farmacológica.

Medicina personalizada

La medicina personalizada, adaptada a los factores genéticos, ambientales y de estilo de vida de cada paciente, está en el centro de un cambio revolucionario de la asistencia sanitaria.

Los ordenadores cuánticos podrían desempeñar un papel clave en este ámbito al ampliar y acelerar las capacidades de la medicina personalizada. El poder único de los ordenadores cuánticos para simular sistemas complejos y analizar enormes conjuntos de datos los convierte en una valiosa herramienta para el desarrollo y la aplicación de tratamientos y terapias médicas personalizadas.

El análisis genético es un aspecto central de la medicina personalizada. Los ordenadores cuánticos podrían revolucionar el análisis del genoma humano al reducir considerablemente el tiempo necesario para secuenciar e interpretar los datos genéticos. Esto permitiría identificar más rápidamente las predisposiciones genéticas a determinadas enfermedades y desarrollar planes de tratamiento personalizados que se adapten a la constitución genética de cada individuo.

Los ordenadores cuánticos ofrecen la posibilidad de transformar el descubrimiento y desarrollo de fármacos al permitir predicciones precisas de las interacciones entre los medicamentos y los sistemas biológicos individuales de los pacientes. Esto podría llevar a una identificación más eficiente de fármacos candidatos adecuados para el tratamiento de mutaciones genéticas específicas. Estas terapias personalizadas podrían ser más eficaces y tener menos efectos secundarios que los tratamientos convencionales.

El tratamiento en medicina personalizada no sólo se basa en la información genética, sino también en diversos datos, como factores ambientales, estilo de vida e historial médico previo. Los ordenadores cuánticos podrían ayudar a analizar estos complejos conjuntos de datos para crear planes de tratamiento detallados y personalizados. Gracias a su capacidad para reconocer patrones en grandes y complejos conjuntos de datos, los ordenadores cuánticos podrían contribuir a mejorar la eficacia de los tratamientos y reducir los costes.

Otra aportación significativa de los ordenadores cuánticos a la medicina personalizada podría residir en la simulación de sistemas biológicos complejos. Al simular con precisión las interacciones a nivel molecular, los ordenadores cuánticos podrían proporcionar a los investigadores una mejor comprensión de cómo se desarrollan y progresan las enfermedades a nivel individual. Este conocimiento podría conducir al desarrollo de herramientas de diagnóstico más precisas y terapias personalizadas más eficaces.

Química

La química es otro prometedor campo de aplicación de los ordenadores cuánticos que puede provocar cambios fundamentales en la investigación, el desarrollo y la producción.

La química cuántica, que trata de la aplicación de la mecánica cuántica a los problemas químicos, ofrece un rico campo para la aplicación de la tecnología de computación cuántica. Los ordenadores cuánticos podrían resolver problemas inaccesibles para los ordenadores clásicos, ampliando nuestra comprensión de los procesos químicos a nivel molecular y acelerando el desarrollo de nuevos materiales y sustancias.

Una de las mayores promesas de los ordenadores cuánticos en química es su capacidad para simular con precisión moléculas y sus reacciones. Los ordenadores clásicos ya alcanzan sus límites cuando simulan moléculas relativamente pequeñas, ya que la complejidad de los cálculos crece exponencialmente con el tamaño de la molécula. Sin embargo, los ordenadores cuánticos pueden representar los estados de las moléculas de un modo natural y eficiente, lo que permite obtener información más precisa y procesable sobre sus propiedades y vías de reacción.

Otro importante campo de aplicación es la investigación de catalizadores y mecanismos de reacción. Los ordenadores cuánticos podrían ayudar a mejorar la eficacia de los catalizadores y descubrir nuevos procesos catalíticos al permitir una comprensión más profunda de las vías de reacción y las barreras energéticas. Esto podría conducir a procesos de producción más eficientes y respetuosos con el medio ambiente en la industria química.

Al igual que en el desarrollo de fármacos, los ordenadores cuánticos también pueden utilizarse en la investigación química para identificar y optimizar posibles fármacos candidatos. La capacidad de calcular las afinidades de unión y la estabilidad de los complejos fármaco-objetivo a nivel cuántico podría acelerar el descubrimiento de nuevos medicamentos y terapias.

Resolver problemas de optimización

Los ordenadores cuánticos ofrecen perspectivas prometedoras para resolver complejos problemas de optimización difíciles de abordar con los paradigmas computacionales tradicionales. Su capacidad para evaluar y optimizar simultáneamente un gran número de soluciones potenciales los hace ideales para aplicaciones en ámbitos como el transporte y la logística, así como la distribución de energía. Estos sistemas suelen caracterizarse por su elevada complejidad y dinámica, y la búsqueda de soluciones óptimas plantea un inmenso desafío computacional. Un ejemplo de ello es el siguiente:

Transporte y logística

En el ámbito del transporte y la logística, los ordenadores cuánticos pueden ayudar a aumentar la eficiencia de las cadenas de suministro, reducir la congestión y optimizar las redes de transporte. La optimización de estas redes exige tener en cuenta un enorme número de variables, como la planificación de rutas, la asignación de vehículos, la gestión de inventarios y las necesidades de los clientes. Los ordenadores cuánticos podrían analizar estas variables simultáneamente y encontrar soluciones óptimas o casi óptimas casi en tiempo real. Esto podría suponer un importante ahorro de costes, un mejor servicio al cliente y una reducción del impacto ambiental.

Un ejemplo concreto sería la optimización de las rutas de los vehículos de reparto para minimizar el número de kilómetros recorridos y garantizar al mismo tiempo que todas las entregas se realizan a tiempo. Al reducir la duración total del trayecto y el consumo de combustible, no sólo podrían disminuir los costes operativos, sino también las emisiones de CO_2.

Distribución de la energía

En la distribución de energía, los operadores de la red se enfrentan al reto de equilibrar la oferta y la demanda en tiempo real, garantizando al mismo tiempo la fiabilidad de la red. Con la creciente proporción de fuentes de energía renovables, a menudo volátiles y distribuidas geográficamente, esta tarea se está volviendo aún más compleja. Los ordenadores cuánticos podrían contribuir de forma decisiva a resolver los complejos problemas de optimización asociados a la distribución de los recursos energéticos.

Un caso de uso podría ser la optimización del flujo de energía en una red inteligente para maximizar la eficiencia y minimizar las pérdidas de energía. Al tener en cuenta factores como la generación de energía a partir de distintas fuentes, las previsiones de consumo, las opciones de almacenamiento y las condiciones meteorológicas, los ordenadores cuánticos podrían ayudar a optimizar la distribución de energía y mejorar el uso de los sistemas de almacenamiento y la integración de las energías renovables.

Criptografía y seguridad

Los ordenadores cuánticos y su impacto en la criptografía y la seguridad tienen un doble filo. Por un lado, ofrecen la posibilidad de desarrollar métodos de comunicación extremadamente seguros mediante el cifrado cuántico. Por otro, suponen una seria amenaza para la seguridad de los métodos de cifrado existentes. Esta dinámica es fundamental para comprender el panorama futuro de la seguridad de la información.

Cifrado cuántico

El cifrado cuántico, en concreto la distribución cuántica de claves (QKD), es un enfoque avanzado de la comunicación segura que utiliza los principios de la mecánica cuántica. La QKD permite a dos partes generar e intercambiar una clave segura sin que pueda ser interceptada por un tercero sin ser detectada. La seguridad de la QKD se basa en el principio de la mecánica cuántica según el cual la medición de un estado cuántico cambia inevitablemente dicho estado. Por tanto, un fisgón que intentara interceptar la clave cambiaría la información cuántica y revelaría así su presencia. Los sistemas QKD ya están en fase de desarrollo y ofrecen un método de cifrado potencialmente indescifrable, adecuado para aplicaciones críticas para la seguridad, como las comunicaciones gubernamentales, las comunicaciones militares y la transmisión de información sensible en el sector financiero.

Amenazas para los métodos de cifrado existentes

La capacidad de los ordenadores cuánticos para resolver determinados problemas matemáticos exponencialmente más rápido que los ordenadores clásicos supone una seria amenaza para la seguridad de muchos estándares de cifrado utilizados actualmente. En concreto, criptosistemas asimétricos como RSA y ECC (Elliptic Curve Cryptography), que se basan en la dificultad de problemas como la factorización de grandes números o el logaritmo discreto en curvas elípticas, podrían ser quebrados eficazmente por los ordenadores cuánticos. El algoritmo Shor, un algoritmo cuántico que puede resolver este tipo de problemas en tiempo polinómico, muestra la magnitud potencial de la amenaza. Esto significa que la información que hoy se considera cifrada de forma segura podría descifrarse en el futuro gracias al desarrollo de potentes ordenadores cuánticos.

La amenaza potencial que suponen los ordenadores cuánticos ha llevado al desarrollo de la criptografía postcuántica (PQC), un campo de investigación que se ocupa de desarrollar métodos de cifrado que sean seguros incluso en la era de la computación cuántica. Los métodos PQC se basan en problemas matemáticos que también se consideran difíciles para los ordenadores cuánticos. La investigación y la normalización de algoritmos PQC son actualmente objeto de una intensa actividad con el fin de permitir una transición fluida hacia métodos de cifrado más seguros antes de que los potentes ordenadores cuánticos estén disponibles de forma generalizada.

Finanzas

Los ordenadores cuánticos ofrecen aplicaciones prometedoras en finanzas, sobre todo en los ámbitos del análisis de riesgos y la optimización de carteras. Esta tecnología tiene el potencial de cambiar radicalmente la forma en que las instituciones financieras realizan cálculos complejos y toman decisiones, al permitir cálculos con una velocidad y complejidad que no pueden lograrse con los ordenadores convencionales.

Análisis de riesgos

El análisis de riesgos es un componente esencial de la gestión financiera cuyo objetivo es evaluar el alcance y la probabilidad de las pérdidas financieras. En las finanzas modernas se utilizan modelos y simulaciones complejos, como las simulaciones de Montecarlo, para analizar la distribución de los posibles resultados futuros en función de una serie de parámetros de entrada. Los ordenadores cuánticos pueden acelerar considerablemente estas simulaciones al utilizar la capacidad de seguir simultáneamente un gran número de rutas computacionales. Esto podría permitir a las instituciones financieras realizar evaluaciones de riesgo más precisas en menos tiempo, lo que puede resultar muy valioso, especialmente a la hora de evaluar el riesgo de contraparte, el riesgo de mercado y el riesgo de crédito.

Optimización de la cartera

La optimización de la cartera es el proceso de selección de la mejor combinación de activos con el objetivo de minimizar el riesgo y/o maximizar el rendimiento esperado, teniendo en cuenta diversas restricciones (como el presupuesto, la tolerancia al riesgo o el horizonte de inversión). Este problema puede llegar a ser matemáticamente muy complejo, especialmente cuando interviene un gran número de activos con relaciones complejas e incertidumbres en cuanto a sus rendimientos y riesgos esperados. Los ordenadores cuánticos tienen el potencial de resolver estos problemas de optimización de forma más eficiente mediante algoritmos capaces de cribar el enorme panorama de soluciones mucho más rápido de lo que sería posible con los métodos de optimización clásicos. Esto podría conducir a estrategias de inversión mejores y más ricas en información que aumenten la rentabilidad y minimicen el riesgo para los inversores.

La aplicación de la computación cuántica a las finanzas está aún en pañales y hay que superar retos técnicos y prácticos. Entre ellos figuran el desarrollo y escalado del hardware cuántico, la personalización y creación de algoritmos específicos para aplicaciones financieras y los problemas de integridad y seguridad de los datos. No obstante, muchas instituciones financieras y empresas tecnológicas trabajan ya en proyectos de investigación y programas piloto para explorar el potencial de la computación cuántica en este ámbito.

El futuro de los ordenadores cuánticos n

Los avances en el campo de la tecnología de la computación cuántica influyen en numerosos aspectos de la ciencia, la tecnología, la industria y las normas sociales y éticas. Esta dinámica se refleja en los avances teóricos y técnicos, las repercusiones en la ciencia y la tecnología, la comercialización y las aplicaciones industriales, las consideraciones sociales y éticas, los retos y las soluciones. Aquí sólo resumiremos brevemente estas consideraciones.

Desarrollo de qubits topológicos

Los qubits topológicos se consideran una vía prometedora para realizar ordenadores cuánticos estables. Estos qubits se basan en estados topológicos de la materia que son naturalmente resistentes a muchos tipos de perturbaciones. Su desarrollo podría reducir la necesidad de una amplia corrección cuántica de errores y, al mismo tiempo, ampliar los tiempos de coherencia de los qubits, requisito esencial para los ordenadores cuánticos prácticos.

Avances en la corrección cuántica de errores

La corrección cuántica de errores es crucial para la realización de cálculos cuánticos fiables. Los avances actuales pretenden desarrollar códigos y protocolos eficientes que puedan abordar y corregir la vulnerabilidad de los sistemas cuánticos a los errores sin destruir la información cuántica. Estos esfuerzos son cruciales para construir ordenadores cuánticos escalables y prácticos.

Revolución en el tratamiento de datos

Los ordenadores cuánticos prometen revolucionar el procesamiento de datos gracias a su capacidad para resolver problemas exponencialmente más rápido que los ordenadores clásicos. Esto podría tener un impacto transformador, sobre todo en la resolución de problemas que requieren una enorme potencia de cálculo, como la criptografía, la ciencia de los materiales y los problemas de optimización.

Nuevos campos de investigación mediante simulaciones cuánticas

Las simulaciones cuánticas permiten investigar fenómenos que no pueden simularse con ordenadores convencionales. Esto abre nuevos campos de investigación en física, química y biología y permite comprender sistemas complejos que pueden ampliar nuestra comprensión de las leyes fundamentales de la naturaleza y conducir al desarrollo de nuevas tecnologías.

Comercialización y aplicaciones industriales

La comercialización en curso de las tecnologías de computación cuántica mediante el desarrollo de servicios y plataformas basados en la nube es una tendencia inevitable que está transformando el panorama del uso de la computación cuántica. Estas plataformas permiten a empresas y organismos de investigación realizar cálculos cuánticos sin tener que invertir en infraestructuras de computación cuántica costosas y complejas. Esto amplía significativamente el acceso a los ordenadores cuánticos y facilita la integración de las tecnologías cuánticas en los sistemas informáticos existentes.

La disponibilidad de la computación cuántica a través de la nube democratiza el acceso a esta avanzada tecnología al permitir que pequeñas y medianas empresas e investigadores de todo el mundo trabajen en la vanguardia de la investigación y las aplicaciones cuánticas. Este avance no sólo reduce las barreras de entrada al uso de la computación cuántica, sino que también promueve una mayor aceptación y aplicación de las tecnologías cuánticas en diversas industrias y campos de investigación.

Los servicios de computación cuántica basados en la nube proporcionan un entorno flexible y escalable para realizar cálculos cuánticos, lo que es especialmente importante para aplicaciones que requieren una potencia de cálculo variable. Los usuarios pueden escalar sus proyectos de forma eficiente, beneficiándose de las ventajas de coste y la menor complejidad que ofrece la nube. Además, estos servicios aceleran la investigación y el desarrollo en campos que pueden beneficiarse de la tecnología de computación cuántica, como la ciencia de los materiales, la investigación farmacéutica y los problemas complejos de optimización.

Sin embargo, la integración de las tecnologías de computación cuántica en las infraestructuras informáticas existentes plantea un reto. Las plataformas en nube salvan esta distancia proporcionando interfaces y herramientas de desarrollo que facilitan la implementación de algoritmos cuánticos en entornos informáticos tradicionales. Estas herramientas son fundamentales para crear una transición fluida de los recursos informáticos clásicos a los cuánticos y permiten a los desarrolladores aprovechar las ventajas de la computación cuántica sin necesidad de ser expertos en la materia.

A pesar de sus prometedores beneficios, la comercialización y aplicación generalizada de los ordenadores cuánticos se enfrenta a varios retos, como la complejidad de los algoritmos cuánticos, los problemas de seguridad y las limitaciones técnicas de los ordenadores cuánticos actuales. El desarrollo y la comprensión de los algoritmos cuánticos requieren conocimientos especializados, que actualmente son limitados. Además, la amenaza potencial que suponen los ordenadores cuánticos para las actuales normas de cifrado exige una revisión de las estrategias de seguridad.

A pesar de estos retos, los continuos avances en investigación y desarrollo y la colaboración entre el mundo académico y la industria están impulsando la superación de estas barreras. La creciente disponibilidad de recursos informáticos cuánticos y el desarrollo de tecnologías y

algoritmos sugieren que los ordenadores cuánticos
desempeñarán un papel importante en muchos ámbitos
de aplicación en un futuro próximo, lo que los convertirá
en parte integrante de la infraestructura informática
mundial.

Cooperación entre ciencia e industria

La creciente colaboración entre las instituciones académicas y la industria desempeña un papel fundamental en el fomento del desarrollo y la aplicación de las tecnologías cuánticas. Estas colaboraciones son un factor clave para salvar la distancia entre la investigación teórica y la aplicación práctica, y repercuten en la aceleración de la comercialización de las tecnologías de computación cuántica.

Al combinar conocimientos, recursos e intereses, estas asociaciones permiten una transferencia más eficaz de conocimientos y tecnologías del laboratorio al mercado. No sólo facilitan el acceso de la industria a los últimos descubrimientos e innovaciones científicas, sino que también ofrecen a los investigadores académicos la oportunidad de comprender las aplicaciones prácticas y los retos de su trabajo.

Estas sinergias son especialmente importantes en un campo tan complejo y especializado como la computación cuántica, en el que los ciclos de desarrollo tecnológico son rápidos y las exigencias en cuanto a conocimientos técnicos e infraestructuras son elevadas. Las empresas se benefician de la investigación avanzada y el talento de las universidades, mientras que el mundo académico obtiene valiosos conocimientos sobre casos de uso en el mundo real y fuentes adicionales de financiación a través de asociaciones con la industria.

La colaboración abarca desde proyectos conjuntos de investigación y desarrollo de prototipos hasta programas educativos destinados a formar a una nueva generación de científicos e ingenieros que trabajen en tecnología cuántica. Además, estas asociaciones desempeñan un papel importante en la formulación de normas y protocolos para las tecnologías cuánticas, algo esencial para la creación de un ecosistema cuántico interoperable y seguro.

En última instancia, estas colaboraciones contribuyen a configurar el panorama comercial de las tecnologías cuánticas impulsando la innovación, ampliando los ámbitos de aplicación y ayudando a crear un mercado que respalde la utilización comercial de la computación cuántica. Esta interacción dinámica entre el mundo académico y la industria es fundamental para liberar todo el potencial de las tecnologías cuánticas y hacer realidad su impacto transformador en diversas industrias.

Protección de datos y seguridad

Con la llegada de los ordenadores cuánticos, la seguridad de los sistemas digitales y la protección de datos sensibles se enfrentan a un reto sin precedentes. Estas

potentes máquinas tienen el potencial de descifrar los
métodos de cifrado que actualmente protegen la mayoría de nuestras comunicaciones digitales y el almacenamiento de datos. Esto crea una necesidad urgente de reevaluar y adaptar las estrategias de protección y seguridad de los datos. En este contexto, el desarrollo de la
criptografía post-cuántica está resultando crucial. Esta
nueva generación de criptografía pretende crear algoritmos capaces de garantizar la confidencialidad e integridad de la información digital incluso en la era de los potentes ordenadores cuánticos.

La criptografía poscuántica representa un enfoque
proactivo para abordar los próximos retos de seguridad
utilizando problemas matemáticos que se consideran difíciles de resolver incluso para los ordenadores cuánticos. El trabajo en este tipo de sistemas criptográficos es
complejo y requiere un profundo conocimiento tanto de
la tecnología de la computación cuántica como de la informática teórica. Su aplicación con éxito no sólo garantizará la protección de las comunicaciones gubernamentales y financieras, sino también la seguridad de las interacciones digitales cotidianas de miles de millones de
usuarios en todo el mundo.

Esta transición a la criptografía post-cuántica representa
un enorme esfuerzo de colaboración en el que participan
científicos, empresas tecnológicas y reguladores para
desarrollar y aplicar normas que aseguren el progreso
digital al tiempo que aumentan el nivel de protección de
los datos. El desarrollo y despliegue de estos nuevos

sistemas criptográficos llevará tiempo, por lo que es fundamental que estos esfuerzos se lleven a cabo ahora con vigor. Esto puede garantizar que el mundo digital esté preparado para la llegada de la tecnología de computación cuántica y que se mantenga la seguridad y confidencialidad de la información en esta nueva era.

Educación y mercado laboral

El rápido desarrollo de la tecnología cuántica tendrá profundas repercusiones en el mercado laboral al plantear nuevas exigencias en materia de competencias y cualificaciones de la mano de obra. En este entorno dinámico, la importancia de la educación y la formación en computación cuántica y disciplinas afines es cada vez más evidente. A fin de estar preparados para los cambios que se avecinan, es esencial que las instituciones educativas y los programas de formación se adapten y amplíen para satisfacer la futura demanda de profesionales cualificados.

El fomento de este tipo de educación no sólo comienza con programas universitarios especializados, sino que también requiere la integración de conocimientos básicos sobre tecnologías cuánticas en los niveles educativos más tempranos. De este modo se crea una base sólida y se estimula el interés por estos prometedores campos. Además, la formación continua de quienes ya trabajan es fundamental para que la mano de obra actual pueda desarrollarse y reciclarse en este campo en rápida evolución.

El impacto de la tecnología cuántica en el mercado laboral presenta tanto retos como oportunidades. Por un lado, el cambio exige una adaptación proactiva de los sistemas educativos y el desarrollo de nuevos planes de estudios y programas de formación. Por otro, abre la posibilidad de que surjan nuevos campos profesionales y trayectorias profesionales que tienen el potencial de cambiar la forma en que pensamos sobre el trabajo y la innovación tecnológica.

La estrecha cooperación entre las instituciones educativas, la industria y los organismos gubernamentales será crucial para garantizar que la población esté preparada para la era cuántica. Mediante una inversión específica en educación y formación, podemos crear una mano de obra que no sólo esté preparada para los cambios tecnológicos, sino que también participe activamente en su configuración. De este modo, la transición a la tecnología cuántica puede verse no sólo como un reto técnico, sino también como una oportunidad de crecimiento e innovación.

Superar las barreras técnicas

La realización de potentes ordenadores cuánticos plantea a la ciencia y la tecnología retos considerables que sólo podrán superarse mediante la investigación y el desarrollo continuos. Uno de los principales obstáculos es la susceptibilidad de los sistemas cuánticos a los errores. Los bits cuánticos, o qubits, son extremadamente sensibles a las influencias externas, lo que puede provocar errores en los cálculos cuánticos. Por tanto, el desarrollo de mecanismos eficaces de corrección de errores es crucial para garantizar unos cálculos cuánticos fiables y precisos.

Además de la corrección de errores, el escalado de los ordenadores cuánticos supone un obstáculo técnico. La capacidad de gestionar e interconectar eficientemente un mayor número de qubits es crucial para aumentar la potencia de cálculo de los ordenadores cuánticos. Para ello se requieren planteamientos innovadores en el diseño físico de los ordenadores cuánticos, así como en el desarrollo de tecnologías que permitan un entrelazamiento cuántico estable y coherente en sistemas de mayor tamaño.

Otro aspecto crítico es la integración del sistema, es decir, la incorporación de los ordenadores cuánticos a las infraestructuras informáticas existentes. Una integración sin fisuras requiere no sólo el desarrollo de interfaces y protocolos compatibles, sino también la adaptación del software y las redes existentes para aprovechar plenamente las posibilidades y requisitos únicos de la computación cuántica.

Superar estos retos técnicos exige un esfuerzo multidisciplinar que aúne conocimientos de física, informática, ciencia de los materiales e ingeniería. Las instituciones de investigación, las universidades y la industria deben colaborar estrechamente para hacer avanzar la investigación básica y desarrollar soluciones prácticas para el diseño y el funcionamiento de los ordenadores cuánticos.

A pesar de la complejidad y las dificultades asociadas al desarrollo de los ordenadores cuánticos, los beneficios potenciales suponen un fuerte incentivo para afrontar estos retos. Gracias a la mejora continua de tecnologías y métodos, nos acercamos gradualmente al objetivo de hacer realidad potentes ordenadores cuánticos que tienen el potencial de redefinir los límites de la computación y permitir avances en numerosos campos científicos e industriales.

Desarrollo de normas y protocolos

La amplia aplicación de las tecnologías cuánticas en diversos campos industriales y científicos exige el desarrollo de normas y protocolos uniformes. Estas normas son cruciales para garantizar una compatibilidad fluida entre las tecnologías cuánticas y los sistemas digitales existentes, minimizar los riesgos de seguridad y asegurar una alta fiabilidad de la tecnología en una amplia gama de aplicaciones.

La creación de estas normas requiere un esfuerzo coordinado que vaya más allá de los grupos de investigación y las empresas individuales e implique a la comunidad mundial de científicos, ingenieros, expertos de la industria y reguladores. Esta colaboración es necesaria para desarrollar un lenguaje y unas prácticas comunes que constituyan la base de la interoperabilidad de las tecnologías cuánticas.

El desarrollo de normas incluye no sólo aspectos técnicos como la definición de interfaces, formatos de datos y protocolos de comunicación, sino también directrices de seguridad que garanticen la protección de los datos en las redes cuánticas y al utilizar servicios de computación cuántica. Dada la capacidad potencial de los ordenadores cuánticos para poner en peligro los métodos de cifrado existentes, la introducción de normas de criptografía poscuántica es una parte fundamental de estas consideraciones de seguridad.

La fiabilidad es otro elemento clave que abordan las normas. Para el uso de tecnologías cuánticas en aplicaciones críticas, como la medicina, las finanzas o la logística, es esencial que los sistemas ofrezcan un rendimiento predecible y sean robustos frente a los errores. Por eso son tan importantes las normas sobre corrección de errores y diagnóstico de sistemas.

Por supuesto, el desarrollo y la aplicación de normas en la tecnología cuántica están aún en pañales, como la propia tecnología, pero su importancia aumentará a medida que estas tecnologías sigan madurando. Unas normas armonizadas no sólo impulsarán el desarrollo tecnológico y el uso comercial de las tecnologías cuánticas, sino que también contribuirán a aumentar la confianza de los usuarios en esta nueva tecnología.

Fomento de la educación y el desarrollo de mano de obra cualificada

La inversión en educación y desarrollo de competencias es fundamental para construir un ecosistema sólido que impulse la investigación, el desarrollo y la aplicación comercial de las tecnologías cuánticas. Un ecosistema así permitirá aprovechar plenamente el enorme potencial que ofrecen las tecnologías cuánticas, garantizando al mismo tiempo que la sociedad en su conjunto pueda beneficiarse de los avances asociados.

Crear una base educativa sólida en física cuántica, informática cuántica y disciplinas afines es el primer paso para educar a una nueva generación de científicos, ingenieros y técnicos familiarizados con los complejos retos y oportunidades de estas tecnologías. Para ello es necesario revisar los planes de estudio en los distintos niveles educativos para proporcionar conocimientos básicos sobre tecnologías cuánticas y estimular el interés y la comprensión en este campo.

Además, los programas de formación especializada y las certificaciones para profesionales ya en activo son cruciales para mejorar las competencias existentes y adaptarlas a los requisitos específicos de la tecnología cuántica. Estos programas ayudan a salvar la distancia entre las tecnologías tradicionales y las nuevas tecnologías cuánticas y permiten a los profesionales desarrollarse continuamente y seguir el ritmo de los rápidos avances en este campo.

Además de la formación especializada, es importante fomentar las competencias interdisciplinares, ya que la aplicación de las tecnologías cuánticas exige a menudo la colaboración más allá de las fronteras disciplinarias. El conocimiento de la informática, las matemáticas, la ciencia de los materiales y otros campos pertinentes es esencial para resolver con eficacia los complejos problemas asociados al desarrollo y la aplicación de las tecnologías cuánticas.

La inversión en educación y desarrollo de competencias también es crucial para promover el uso comercial de las tecnologías cuánticas. Una reserva de talentos bien formados es un requisito previo para la creación y el crecimiento de nuevas empresas y compañías que desarrollen, apliquen y comercialicen tecnologías cuánticas. Esto, a su vez, contribuye a crear empleo, reforzar la economía y garantizar el liderazgo tecnológico en este campo de rápido crecimiento.

En última instancia, las inversiones en educación y desarrollo de competencias no son sólo inversiones en el desarrollo profesional individual, sino también en el futuro social y económico. Un ecosistema fuerte que apoye la investigación, el desarrollo y la aplicación de las tecnologías cuánticas es esencial para aprovechar las numerosas ventajas que ofrecen estas tecnologías y seguir siendo competitivos a nivel mundial.

Conclusión

En general, la tecnología de la computación cuántica está en la cúspide de cambios profundos en muchos ámbitos. Superar con éxito los retos técnicos y sociales será crucial para aprovechar todo el potencial de esta tecnología y lograr efectos positivos en la ciencia, la tecnología, la economía y la sociedad.

Predecir una fecha concreta para un gran avance de la computación cuántica sigue siendo un reto, ya que depende de una serie de factores tecnológicos, científicos y financieros en rápida evolución. Aunque en los últimos años se han producido avances significativos en la tecnología de la computación cuántica, aún no se ha materializado un avance decisivo que haga que los ordenadores cuánticos sean superiores para una amplia gama de aplicaciones.

El desarrollo y la mejora de los qubits, que son las unidades básicas de los ordenadores cuánticos, así como los avances en la corrección cuántica de errores, son importantes retos técnicos que aún deben superarse. Resolver estos problemas es crucial para la creación de ordenadores cuánticos prácticos capaces de realizar cálculos complejos que van mucho más allá de las capacidades de los ordenadores clásicos actuales.

La investigación en computación cuántica se está beneficiando de una creciente inversión tanto del sector público como del privado, lo que está acelerando el desarrollo de esta tecnología. Este apoyo financiero subraya la confianza en el potencial de la computación cuántica para provocar un cambio transformador en diversos campos como la ciencia de los materiales, la industria farmacéutica y los problemas complejos de optimización.

Aunque algunas empresas ya han anunciado la consecución de la llamada superioridad cuántica para tareas específicas, la aplicación general de ordenadores cuánticos que superen a los clásicos en todos los ámbitos está aún muy lejos. Los expertos se muestran cautelosamente optimistas ante la posibilidad de que se produzcan avances significativos en la computación cuántica en la próxima década en aplicaciones especializadas, pero un avance global que haga aplicable la computación cuántica de forma general podría estar aún a dos décadas o más de distancia.

Sin embargo, la dinámica de progreso de la computación cuántica es difícil de predecir, y los avances científicos inesperados podrían acelerar los plazos de desarrollo. La investigación y el desarrollo continuos en este campo son cruciales para superar los retos actuales y aprovechar todo el potencial de la tecnología cuántica.

El futuro de la computación cuántica sigue siendo, por tanto, un campo apasionante cuyo calendario es flexible y adaptable a los nuevos descubrimientos y avances tecnológicos, pero que desafía cualquier predicción concreta.